PRÓLOGO POR: DR. SAMUEL PAGAN

LLAMADOS AL ALTAR

Lecciones Sobre Una Renovación Espiritual del Libro de Esdras

DAN DE JESUS

KINGDOM PUBLISHING HOUSE

KINGDOM
PUBLISHING HOUSE

COMENTARIOS

"El nuevo libro del pastor Dan titulado 'Llamado al Altar' lo sacudirá y conmoverá. Su intuición y conocimiento del pulso actual de la iglesia hoy, lo ayudarán y guiarán hacia la presencia de Dios. Esta es una obra que debería leer todo líder y pastor que tenga, precisamente, hambre de regresar al altar".

Rev. Dr. Wilfredo De Jesús
Tesorero General, Asambleas de Dios

"El Dr. Daniel De Jesús ha escrito un recurso que ayudará a pastores y líderes a navegar por el libro de Esdras, utilizando una lente contemporánea. Destaca varios conceptos claves que sirven como herramienta de evaluación para el discipulado de individuos. A medida que se profundice en el texto, surgirán preguntas que invitan a la reflexión, como, por ejemplo, ¿cómo podemos identificar el letargo o la desconexión espiritual? ¿Nos hemos convertido en consumidores del evangelio o en discípulos que viven en la misión de Dios cada día? Oro para que a medida que recorras el libro de Esdras utilizando este recurso, el Espíritu Santo encienda tu altar personal y que comience entre ti un avivamiento centrado en la Palabra de Dios".

Rev. Elly C. Marroquín
Director Nacional
Educación Cristiana y Discipulado
Asambleas de Dios

"La exposición de las Sagradas Escrituras es urgente para nuestras generaciones. El predicador tiene la solemne responsabilidad de predicar "todo el consejo de Dios". Esta obra que tienes en tus manos expone el libro de Esdras. ¿Cuándo fue la última vez que escuchaste una serie sobre este libro? Se ha escrito mucho sobre el libro de Nehemías, pero las exposiciones sobre el libro de Esdras son limitadas. Esto es interesante dado el hecho de que originalmente el libro de Esdras estaba entrelazado con el libro de Nehemías y era conocido como el libro de Esdras-Nehemías.

El Dr. Daniel De Jesús ofrece una exposición fresca y relevante de este libro, aplicándolo a la Iglesia y las necesidades del pueblo de Dios hoy. La lectura de esta obra fomentará la búsqueda de un avivamiento personal. Recomiendo encarecidamente la lectura de este libro".

Rev. Rafael Reyes
Superintendente Emérito
Distrito Hispano del Este - Asambleas de Dios

"Con gran alegría respaldo este libro que ha escrito mi colega y amigo, el Rev. Dr. Daniel De Jesus, a quien conozco desde hace más de cuatro décadas.

Quiero llamar su atención sobre un hombre muy especial. Su nombre es Esdras. Su nombre significa ayuda. Este libro le será de gran ayuda. En primer lugar, Esdras es uno de esos tipos de los que no se oye hablar mucho; sin embargo, era un gigante entre los hombres en el mundo espiritual.

Este libro le ayudará enormemente en la renovación y la revitalización espiritual. Todos aquellos que recurran a Dios, experimentarán un despertar espiritual. Que el Señor continúe ayudándole mientras lee los grandes principios que se encuentran en el libro de Esdras".

Rev. Manuel A. Álvarez
Superintendente Distrital
Distrito Hispano del Este - Asambleas de Dios

DEDICATORIA

Este libro está dedicado a mis padres, Julio y Delia De Jesús, quienes descansan en los brazos de nuestro Salvador. Fueron grandes ejemplos de cómo vivir una vida cristiana cerca del altar. Me dejaron un legado de adoración y oración que marcó mi vida para siempre.

También dedico este libro a mi esposa, Clarita, quien siempre me ha apoyado en cada tarea ministerial. Amor mío, eres un gran ejemplo de una mujer virtuosa. "El corazón de su marido confía en ella".

Por último, dedico este libro a mis hijos Daniel, Cristian y Jazmine. "Vivan siempre cerca del altar". ¡Los amo!

Dan De Jesús

TABLA DE CONTENIDO

PRÓLOGO

ESTOY MÁS QUE FELIZ DE DARLE LA BIENVENIDA AL libro de mi estimado colega y amigo, el Dr. Daniel De Jesús. Sus obras, que se nutren de sus experiencias pastorales y académicas, manifiestan una teología relevante, sana, placentera y desafiante. Explora el importante tema del despertar espiritual basado en la lectura cautelosa del libro de Esdras. Su principal fundamento teológico es que el pueblo de Dios necesita un despertar espiritual para ejercer la misión cristiana de hoy.

Según nuestro autor, uno de los elementos de la restauración y regreso del pueblo de Israel a Jerusalén fue la revelación divina a Ciro, el famoso rey de Persia. Ese acto especial permitió y alentó el regreso del pueblo de Dios a la tierra prometida. El "despertar" del corazón del monarca persa es un símbolo de lo que Dios es capaz de hacer en las personas y comunidades para afirmar y manifestar su voluntad entre las realidades de la vida.

Como respuesta divina a la revelación de Ciro, los israelitas decidieron reconstruir el templo en Jerusalén, que era el símbolo óptimo de la presencia de Dios. Esa restauración, según el testimonio bíblico, comienza firme con la reconstrucción del altar. Es un hecho que todo proceso de restauración personal y nacional comienza sobriamente desde la fundación del altar en el templo.

Los escritos del Dr. De Jesús en este libro son de gran importancia porque el mundo entero necesita un "despertar del corazón", es decir, un gran avivamiento espiritual que permitirá a los creyentes y a la iglesia predicar el evangelio de Jesucristo con valor, eficacia, dignidad y merced. El siglo XXI necesita un nuevo avivamiento que impulse a la Iglesia y a sus líderes a cumplir la tarea divina de alentar e implementar los procesos espirituales, sociales y educativos que la sociedad necesita. Para cumplir estos objetivos, que se basan en la fe, es necesario "despertar" del letargo espiritual que detiene y desorienta. En efecto, necesitamos superar el sueño que confunde y debilita a la Iglesia y a sus líderes.

El libro del pastor Daniel llega en un momento perfecto, ya que nos estamos reconstruyendo de una pandemia que dañó mucho a la familia y a la sociedad, y confundió la misión de algunos creyentes y congregaciones. En medio de todos esos desafíos, Daniel nos sorprende con una nueva publicación que interpreta el texto bíblico de forma creativa, respondiendo así de manera efectiva a las dificultades que enfrentamos. Para nuestro buen amigo, un verdadero avivamiento comienza con un despertar en el corazón que decide restaurar el altar de

Dios; es decir, que se comprometa a reestructurar la vida fundada en la gracia y el poder de Dios.

Agradezco a Daniel por presentar este nuevo libro, que esperamos profundamente sea una bendición para todo el pueblo de Dios.

Dr. Samuel Pagán
Decano de Programas Hispanos
Centro de Estudios Bíblicos de Jerusalén

1

UN MUNDO ROTO QUE NECESITA UN AVIVAMIENTO

"Entonces se levantaron los jefes de las casas paternas de Judá y de Benjamín, y los sacerdotes y levitas, todos aquellos cuyo espíritu despertó Dios para subir a edificar la casa de Jehová, la cual está en Jerusalén. Y todos los que estaban en sus alrededores les ayudaron con plata y oro, con bienes y ganado, y con cosas preciosas, además de todo lo que se ofreció voluntariamente" **(Esdras 1:5-6).**

QUIERO HACERLE UNA PREGUNTA MUY IMPORtante: ¿Cómo comienza su día? Si es una persona sabia (y creo que lo es), usted comienza con Dios. Habla con Él en oración, pasa tiempo en Su Palabra, preparándose para lo que el día le traiga. Sé por experiencia, que esta es la mejor manera de tener un buen comienzo.

Quizás esté pensando: "Si esta es la mejor manera de empezar el día ¿cuál es la peor?". No puedo hablar por usted, por supuesto, pero para mí es ver las noticias en la televisión. Cuando hago eso, escucho de asesinatos y otros crímenes, de guerras en varias partes del mundo, de actos de odio. Ésto no me ayuda a empezar el día de forma positiva. En cambio, me deja sacudiendo la cabeza y preguntándome: "¿Qué le pasa a la gente?"

Por supuesto, ya sé la respuesta a mi pregunta: Simplemente, la gente necesita a Dios. Necesitan saber que Él es el Creador de toda vida, que ama a Sus criaturas con todo Su ser, y que Él espera que vivamos en obediencia a Sus mandamientos.

¡Se han alejado de Él, y necesitan regresar a casa!

A veces me parece que no estamos muy lejos de los días en que Dios miró desde arriba a Su creación " *vio Jehová que la maldad de los hombres era mucha en la tierra, y que todo designio de los pensamientos del corazón de ellos era de continuo solamente el mal*"... (Génesis 6:5). Fue entonces cuando Dios, con un gran diluvio, acabó con la mayor parte de la vida en la tierra, salvando sólo a Noé y su familia. Pero Él nos promete que esto no volverá a suceder. Servimos a un Dios que "...*es paciente para con nosotros, no queriendo que ninguno perezca, sino que todos procedan al arrepentimiento"* (2 Pedro 3:9).

Cuando le preguntaron a Jesús cuál es el gran mandamiento en la Ley de Moisés, respondió: *"Amarás al Señor tu Dios con todo tu corazón, y con toda tu alma, y con toda tu mente. Este es el primero y grande mandamiento. Y el segundo es semejante: Amarás a tu prójimo como a ti mismo. De estos dos mandamientos depende toda la ley y los profetas"* (Mateo 22:37-40).

Si todos viviéramos obedeciendo estas dos leyes, Imaginémonos qué mundo tan maravilloso sería éste. Si así fuere el caso, creo que el ver las noticias de la mañana (o las de la tarde, o a cualquier hora) sería un gran placer.

Este mundo quebrantado necesita desesperadamente un "Avivamiento", y creo que Dios está obrando a través de Su pueblo para que suceda.

Cuando miro a mi alrededor, veo que estos son días muy difíciles para millones de personas aquí en los Estados Unidos, y en todo el mundo. Muchos de nosotros estamos plagados de incertidumbre y miedo. Nuestra economía es inestable, a menudo sube y baja como una montaña rusa, y nos hace sentir inseguros acerca de nuestros empleos y nuestro futuro. Nos hemos quedado **atónitos** por decenas de tiroteos masivos y actos terroristas, muchos de los cuales tienen lugar en las escuelas de nuestra Nación. Estamos tratando de superar los efectos de una Pandemia que en el 2020 con el virus llamado COVID-19 cambió nuestros hábitos cotidianos, y que no ha podido ser erradicado por la Ciencia y la Medicina moderna. Por otro lado, miles de inmigrantes están reunidos en nuestras fronteras, con la esperanza de que se les permita ingresar a los Estados Unidos para poder escapar de la pobreza y la represión que existe en sus países de origen.

Vivimos un cuadro muy parecido al de los antiguos israelitas que fueron llevados cautivos a Babilonia. Estamos quebrantados y magullados, y necesitamos desesperadamente ese avivamiento.

Ha habido decenas de grandes avivamientos religiosos a lo largo de la Historia. Cientos de miles de almas han sido ganadas para Cristo, y nuestras sociedades cambiaron para bien. Los avivamientos han producido oposición a la esclavitud; han traído protecciones legales para los pobres; han salvado vidas de niños mediante leyes que prohíben el trabajo infantil, etc.

Cada vez que la Iglesia es atacada, Dios envía un avivamiento. Por ejemplo, en los primeros días de Estados Unidos, parecía que el interés por la "religión organizada" había disminuido en todas las colonias. En www. history.com/espanol leemos: "El Gran Despertar fue un renacimiento religioso que impactó a las colonias inglesas en América durante las décadas de 1730 y 1740. El movimiento surgió en un momento en que se enfatizaba la idea del racionalismo secular y la pasión por la religión se había estancado. Los líderes cristianos a menudo viajaban de ciudad en ciudad, predicando sobre el evangelio, enfatizando la salvación de los pecados y promoviendo el entusiasmo por el cristianismo. El resultado fue una renovada dedicación a la religión. Muchos historiadores creen que el Gran Despertar tuvo un impacto duradero en varias denominaciones cristianas y en la cultura estadounidense en general".[1]

Nunca se sabe cómo empezará un avivamiento. Justo cuando comencé a escribir este libro, tuvo lugar un renacimiento conmovedor en el Asbury College de Kentucky. Comenzó en la Capilla, durante un servicio regular el 8 de Febrero de 2023. Al terminar el servicio, nadie quería irse a casa… durante las siguientes dos semanas, el Auditorio estuvo lleno de miles de personas que adoraban a Dios, y disfrutaban de Su presencia día y noche. La mayoría de estos adoradores eran estudiante; pero no todos. De hecho, a medida que se corrió la voz de que Dios se estaba moviendo de manera poderosa en Kentucky, vino gente de todos los Estados Unidos, y de muchas partes del mundo, para participar. Cuando todo llegó a su fin, entre 50,000 y 70,000 visitantes habían llegado a Asbury para unirse al avivamiento. Miles de corazones fueron tocados por el Amor y el Poder de Jesús… ¡Y ya nunca volverán a ser los mismos!.

---

[1] History.com/topics/European history, "Great Awakening," by history.com editors, updated September 20, 2019

Nunca se puede saber cuándo estallará un avivamiento. Como dijo Jesús: *"El viento[a] sopla de donde quiere, y oyes su sonido; mas ni sabes de dónde viene, ni a dónde va; así es todo aquel que es nacido del Espíritu"* (Juan 3:8).

En los últimos años hemos visto cientos de miles de hombres y mujeres venir a Jesús, a través de la extraordinaria predicación de hombres como Billy Graham y Luis Palau. La mayoría de nosotros hemos oído hablar del Renacimiento de la Calle Azuza, que ocurrió en Los Ángeles a principios del Siglo XX. Se prolongó casi por diez años, durante los cuales miles de almas fueron ganadas para Cristo, y miles de creyentes comenzaron a moverse en los dones sobrenaturales del Espíritu Santo. De hecho, ese avivamiento está relacionado con la fundación de las Asambleas de Dios, denominación en la que sirvo como pastor. Al 2023 las Asambleas de Dios tienen aproximadamente 68 millones de miembros en todo el mundo. Lo cito, para mostrar lo que puede resultar del "fuego" del avivamiento.

Por supuesto, ha habido otros grandes avivamientos. Como ya he mencionado, "El Gran Despertar" se extendió por los Estados Unidos en los primeros días del país, liderado por predicadores como Jonathan Edwards y George Whitefield. Durante ese mismo período, el Renacimiento Metodista ardía intensamente en Inglaterra, en gran parte, gracias a los esfuerzos de los hermanos John y Charles Wesley.

Pero no es mi intención hacer un recuento de los "avivamientos". Quiero concentrarme en uno de los más grandes que jamás haya tenido lugar: un avivamiento dirigido hace unos 2.500 años por un hombre llamado Esdras. La obra de Esdras está registrada en el libro de la Biblia que lleva su nombre, y es tan pertinente hoy como lo era entonces, quizás porque nuestro mundo moderno necesita desesperadamente lo que Esdras trajo a los antiguos judíos, muchos de los cuales se habían alejado de su fe.

En este libro pondré a consideración una serie de lecciones importantes que podemos aprender del gran "Avivamiento" de Esdras:

Esdras ayudó a reavivar el fuego de la fe entre el pueblo judío que había sufrido 70 años de cautiverio. La Nación entera respondió al llamado de volver a dedicar sus vidas al Dios que los había sacado de la esclavitud en Egipto, y los había establecido en la Tierra Prometida.

Hoy, Dios nos llama a Su Altar, para encontrarnos con Él. Dios desea que todos los hombres y mujeres, en todas partes, sean limpios en la sangre de Jesús, y vivan en santidad ante Él. Como dijo el apóstol Pablo: *"Pero Dios, habiendo pasado por alto los tiempos de esta ignorancia, ahora manda a todos los hombres en todo lugar, que se arrepientan..."* (Hechos 17:30).

¡Ahora es el momento de escuchar. Ahora es el momento de responder. Ahora es el momento de cambiar nuestras vidas y nuestro mundo!

Lección #1 del Libro de Esdras

En los días de Esdras, Dios usó al rey de Persia para comenzar a traer a los hijos de Israel de regreso a su tierra natal, después de un largo exilio. Dios siempre encuentra una manera de hacer el bien a los creyentes que acuden a Él, aunque sus métodos puedan sorprendernos.

Someter nuestras vidas al cuidado de Dios, significa que podemos encontrar paz, incluso en los momentos y situaciones más difíciles. Como escribe Pablo en Romanos 8:28: *"Y sabemos que a los que aman a Dios, todas las cosas les ayudan a bien, esto es, a los que conforme a su propósito son llamados"*.

PREGUNTAS PARA LA REFLEXIÓN ESPIRITUAL

1. ¿Está de acuerdo en que se necesita un avivamiento en el mundo hoy? Explique el porqué.

____

____

____

2. ¿Siente que personalmente necesita un avivamiento? Explique su respuesta.

____

____

____

3. ¿Se comprometería a orar regularmente por un avivamiento?

____

____

____

4. ¿Qué cree que Dios le está llamando a hacer para ayudar a lograr un avivamiento en usted misma, en su familia, su iglesia y su comunidad?

____

____

____

2

ESDRAS AL RESCATE

"este Esdras subió de Babilonia. Era escriba diligente en la ley de Moisés, que Jehová Dios de Israel había dado; y le concedió el rey todo lo que pidió, porque la mano de Jehová su Dios estaba sobre Esdras" (Esdras 7:6).

¿Alguna vez ha sentido que Dios le ha olvidado? Yo sí. Es una sensación muy desagradable.

Estoy bastante seguro de que, si fuéramos completamente honestos, todos tendríamos que admitir que en algún momento de nuestras vidas, hemos sentido que Dios nos ha olvidado. Incluso Jesús, mientras colgaba de la cruz clamó a gran voz, diciendo: "Elí, Elí, ¿lama sabactani? Esto es: Dios mío, Dios mío, ¿por qué me has desamparado?" (Mateo 27:46) Por supuesto, estaba citando las palabras del rey David, del primer versículo del Salmo 22.

Un sentimiento así es común entre los "bebés cristianos", que habiendo recibido bendición tras bendición, y milagro tras milagro desde que entregaron sus vidas a Jesús, de repente, han caído en la rutina, y los milagros cesan. En lugar de elevarse al cielo en alas de águilas, sus oraciones parecen revolotear y caer a la tierra como otros tantos patos heridos. ¿Que ha sucedido? La mejor explicación que he escuchado es que cuando nacemos de nuevo, Dios es como un Padre amoroso que hace todo lo que puede para ayudarnos a crecer en nuestra fe. Él toma nuestra mano cuando caminamos con Él; y cuando llegamos a un lugar peligroso, donde podríamos caernos y lastimarnos, Él nos levanta y nos lleva.

No hace mucho vi a un padre enseñando a su pequeña hija a andar en bicicleta. Al parecer, las ruedas de apoyo habían sido retiradas, por lo cual la niña se tambaleaba, pues la bicicleta parecía ir en varias direcciones a la vez; pero papá estaba allí, estabilizando la bicicleta y agarrando el manubrio cuando era necesario. Mientras los observaba, tratando de no ser demasiado obvio, pensé: "Eso es exactamente lo que Dios hace por Sus hijos".

Pero, tarde o temprano Él tiene que dejarnos ir, o nunca aprenderemos a andar en bicicleta por nuestra cuenta; o nunca podremos afrontar una tentación que nos lance el diablo; o no permaneceremos firmes cuando se nos presenten problemas, como suele suceder en este mundo caído. Dios realmente nos ama y quiere que seamos todo lo que somos capaces de ser. Él quiere que seamos fuertes y maduros en Cristo, y eso nunca sucederá si Él nos mima en cada paso del camino.

Creo que las razones por las que Dios a veces parece distante, se debe a nuestro pecado; pero no siempre. Puede haber lecciones difíciles que Él desea que aprendamos, o quizás quiera señalarnos cómo caminar por fe, y no por vista. Pero sea cual sea el motivo, sabemos que estas dos cosas son seguras:

1) **Dios no se ha olvidado.**

He aquí una muestra de lo que Jesús tiene que decir al respecto:

> *"No os dejaré huérfanos; vendré a vosotros. Todavía un poco, y el mundo no me verá más; pero vosotros me veréis; porque yo vivo, vosotros también viviréis"* (Juan 14:18-19).

> *". . . y he aquí yo estoy con vosotros todos los días, hasta el fin del mundo. Amén."* (Mateo 28:20)

> *"Otra vez os digo, que si dos de vosotros se pusieren de acuerdo en la tierra acerca de cualquiera cosa que pidieren, les será hecho por mi Padre que está en los cielos. Porque donde están dos o*

tres congregados en mi nombre, allí estoy yo en medio de ellos" (Mateo 18:19-20).

Y en Hebreos 13:5 nos dice: *"Sean vuestras costumbres sin avaricia, contentos con lo que tenéis ahora; porque él dijo: No te desamparararé, ni te dejaré".*

2) No es fácil cuando se siente que Dios se ha alejado de nosotros.

Así que, imagínense cómo se debieron haber sentido las familias judías que fueron llevadas cautivas a Babilonia. Sabían que estaban allí, porque el pecado se había interpuesto entre ellos y su Dios. No había duda de que los invasores extranjeros llegaron para castigar al pueblo por sus transgresiones. Los sacaron a rastras de sus hogares, siendo lo más probable que nunca los volvieran a ver. Incluso el hermoso templo, centro de culto de todos los judíos, había sido destruido. ¿Cómo pudo Dios hacer eso? Era como si hubiera borrado toda Su conexión con el pueblo judío. ¡Es inimaginable su desesperación!

Afortunadamente, aunque Su juicio había recaído sobre los Hijos de Israel, Dios no los dejó solos. Les envió profetas como Jeremías, Hageo y Zacarías para compartir Su Palabra con ellos. Levantó hombres poderosos de Dios como Daniel. (Durante el tiempo de cautiverio Daniel fue liberado del foso de los leones, y los amigos de Daniel fueron arrojados al horno de fuego, pero salieron completamente ilesos). Y luego, así como Dios había elegido a Moisés para sacar a los hijos de Israel de Egipto, levantó a varios héroes, como Esdras, para sacar al pueblo de Babilonia. Se les dio la tarea de llevar a los cautivos de regreso a la "Tierra Prometida" y reparar el daño que se había infringido a la Ciudad Santa.

Han pasado muchos años desde que sentí, por primera vez, que Dios plantó en mí el deseo de escribir un libro sobre la vida de Esdras. Este gran escriba y sacerdote del Antiguo Testamento tuvo un profundo impacto en la historia del pueblo elegido de Dios, la Nación de Israel. Ahora, amado lector, tiene en sus manos el producto del llamado de Dios para que comparta la sabiduría, el gozo y la fe que surgen del estudio de la vida de Esdras. Aunque Esdras no es uno de los héroes más conocidos del Antiguo Testamento, creo, sin duda, que es uno de los más grandes. Nunca dividió el Mar Rojo, ni sacó agua de una roca en el desierto, pero a menudo se le conoce como el "segundo Moisés". Después de todo, Dios lo eligió para ayudar a nutrir y restaurar la fe del pueblo judío, después de haber pasado 70 años en cautiverio en Babilonia.

Durante esos 70 años, Jerusalén había caído en completo deterioro. Después de siete décadas de abandono, casi no quedó nada del muro que una vez rodeó a Jerusalén para protegerlo de sus enemigos, ni del otro magnífico templo de Salomón. El templo había sido terriblemente profanado por manos del rey Nabucodonosor, quien en 604, y nuevamente en 597 a.C., se llevó todos los sagrados tesoros, y diez años después destruyó totalmente el edificio. Peor aún, la Palabra de Dios se había perdido, y Su pueblo había sucumbido a la idolatría...

Irónicamente, a los judíos que habían sido llevados cautivos a Babilonia les fue mucho mejor que a los que habían quedado atrás en Judá. En Babilonia vivían en comunidades, y eran, en su mayor parte, libres de practicar su religión. Tenían sacerdotes para enseñarles acerca de Dios, y guiarlos en la adoración; y contaron con el aliento de profetas como Ezequiel, Hageo, Zacarías y, por supuesto, Esdras.

––––

No quiero darles la impresión de que los babilonios fueran benevolentes. Querían conquistar el mundo, y en el proceso mataron a miles de hombres, mujeres y niños. Como nos muestra el libro de Daniel, también obligaron al pueblo que habían conquistado, a adorar ídolos. Es que no sólo odiaban a los judíos por su origen étnico... Quizás hayan oído decir que cierta vez, el rey Federico el Grande de Prusia le pidió a su médico que le diera pruebas de la existencia de Dios. Su médico sonrió y respondió rápidamente: "La continuidad de la existencia de los judíos, Su Majestad".

¡Le respondió bien!... Es muy sorprendente que el pueblo judío, que ha soportado miles de años de persecución, haya sobrevivido hasta el día de hoy. Todas las demás naciones que figuran en el Antiguo Testamento como rivales de los israelitas, se han desvanecido en la Historia: Los filisteos, los amalecitas, los ismaelitas, los ninivitas. No queda ni uno solo de ellos, excepto los judíos. Y Esdras tuvo un papel extremadamente importante al hacer posible su supervivencia. Fue uno de los grandes hombres que Dios usó para restaurar y purificar a la Nación judía, y así preparar el camino para la llegada del Mesías: Jesucristo.

Hasta donde puedo recordar, yo nunca había visto un libro sobre la vida de Esdras. Hay docenas de libros sobre Moisés, Pablo, David, Nehemías, Abraham y otros héroes de la Biblia, pero Esdras parece haber pasado casi desapercibido. Él tiene tanto qué enseñarnos, pero muchos se alejan y buscan a alguien más interesante.

Me sentí profundamente conmovido al seguir el llamado de Dios y sumergirme en el libro de Esdras. Pude ver claramente esta antigua historia de Israel, revivida en los corazones de tantos que hoy luchan por conectarse con el corazón de nuestro Padre Celestial.

Como creyente, y en mi condición de Pastor, deseo ver al pueblo de Dios entrar en su mejor momento. Mi esperanza es que todos los que han confesado a Jesucristo como su único y suficiente Salvador, experimenten una temporada de gloria al encontrar a Dios de una manera nueva y fresca.

Esdras tiene mucho que enseñar a quienes están dispuestos a abrir sus oídos y sus corazones.

¿Quién era Esdras?

Esdras era descendiente de Aarón, hermano de Moisés, quien sirvió como sumo sacerdote durante el éxodo de los israelitas desde Egipto; y también estaba relacionado con Josué, quien sucedió a Moisés como líder de Israel. Además de escribir el libro que lleva su nombre, también contribuyó a los libros de 1.ª y 2.ª de Crónicas, y se cree que es el autor de uno de los Salmos más bellos y poderosos: el Salmo 119.

Aproximadamente en el año 538 A.C., el rey Ciro proclamó que el templo de Dios en Jerusalén debía ser reconstruido, y el primer grupo de voluntarios salió de Babilonia para emprender el viaje de 700 millas de regreso a la Tierra Prometida. Desafortunadamente, estos valientes hombres encontraron la oposición de aquellos que no querían ver a Israel resurgir de las cenizas, por lo que les llevó casi 30 años completar el trabajo.

Esdras 6:15 lo describe así: *"Esta casa fue terminada el tercer día del mes de Adar, que era el sexto año del reinado del rey Darío"*. El propio Esdras estaba en otro grupo que fue enviado de regreso a Jerusalén por el siguiente rey:

Artajerjes. Cuando llegó a la ciudad, descubrió que el templo había sido restaurado y se encontraba erguido y majestuoso. Pero en muchos sentidos, el hermoso edificio no era más que una fachada. El símbolo de la adoración había sido restaurado, pero el pueblo ya no adoraba a Dios como antes.

Trágicamente, los judíos que permanecieron en Israel no se mantuvieron separados de las tribus paganas, como Dios les había ordenado; en cambio, se habían casado con miembros de esas tribus, y habían sido influenciados para incorporar en su propio culto, las prácticas detestables de aquellos. (Algunos israelitas incluso llegaron a sacrificar a sus bebés al dios cananeo Moloc, lo que significaba que se los ofrecían quemados vivos, como sacrificio). Cuando se le informó del pecado del pueblo, Esdras inmediatamente rasgó su manto y se sentó. Más tarde, se puso de rodillas y oró a Dios pidiendo perdón. Después, hizo un llamado a todos los exiliados para que se reunieran en la Ciudad, donde ordenó a los hombres que se separaran de sus esposas e hijos extranjeros.

Esdras nos anima a defender nuestra fe. Sabía que muchos habían descuidado y olvidado la Torá durante el exilio judío, por eso, en Jerusalén habló con audacia y contundencia sobre la importancia de obedecer las leyes de Dios.

Se le rompió el corazón ver que el pueblo judío había olvidado que era el pueblo elegido de Dios. Se suponía que eran un pueblo único, pero perdió de vista por completo su maravillosa herencia.

En la Biblia hebrea, Esdras y Nehemías fueron presentados como un solo libro, y todavía se pueden leer de esa manera. Debido a que los profetas Hageo y Zacarías también ministraron en Jerusalén durante este período, los libros que llevan sus nombres complementan el libro de Esdras. Todos ellos enfatizan la restauración de la vida física y espiritual de la Nación.

El libro de Esdras es la historia de una Nación que regresa a Dios después de setenta años en cautiverio. Contiene la historia de uno de los despertares más sorprendentes del antiguo Israel. De hecho, el pueblo del Gran YO SOY, había vivido tantos años bajo cautiverio, que se acostumbraron a la esclavitud y a las privaciones. Esta ya era ellos su forma de vida normal.

Trágicamente, hoy, muchos de los hijos de Dios viven en las mismas circunstancias. Caminan sonámbulos, sin ningún propósito; arrastran una mentalidad marcada por la indiferencia y el conformismo, como si no hubiera manera de liberarse de sus cargas. Muchos han caído en un letargo; han abandonado "su altar", el lugar de entrega, renovación y comunión con Dios, y no tienen nada más para aferrarse que la nostalgia de lo que solían ser. Todo lo que queda son las cenizas del fuego que una vez ardió intensamente, pero que fue apagándose lentamente. El Domingo de Pentecostés se ha convertido en un día que simplemente conmemoramos, pero que ya no vivimos a diario. Precisamente por eso Dios está llamando a Su pueblo, una nación de verdaderos adoradores, a buscarlo en espíritu y en verdad.

La fe no es lo mismo que el sentimentalismo. Quizás conozca a personas a las que se les humedecen los ojos cuando escuchan las viejas canciones que solía cantar la abuela, como "La vieja cruz rugosa" u "Oh qué amigo nos es Cristo"; pero ¿son sus lágrimas por la agonía de Cristo en la cruz, o simplemente representan un anhelo por los "buenos antiguos tiempos"? No hay nada malo con estos viejos himnos; yo mismo amo a muchos de ellos. Pero no debemos equiparar el anhelo nostálgico, por ejemplo, por la congregación a la que pertenecíamos cuando éramos niños, con nuestro amor por Jesucristo. No es lo mismo, y si no tenemos cuidado, nuestro anhelo por esa antigua iglesia (o por cualquier otro aspecto de nuestra fe cristiana) suplantará nuestro amor y fe en Jesucristo.

Las personas sentimentales tienden a vivir en el pasado. Anhelan los viejos tiempos y no están contentos con todas las innovaciones que han llegado, como por ejemplo, al servicio de adoración moderno, como las bandas musicales. Su queja es: "Pero nunca lo habíamos hecho así". Mas la verdadera fe siempre avanza con la mira sólo para ganar el mundo para Cristo. Cuando pienso en personas de fe, vienen a mi mente aquellos que han sido bautizados en agua y el Espíritu: hombres y mujeres llenos del fuego del Espíritu Santo que demuestran el poder de Dios en sus acciones y hechos. Están completamente vivos y despiertos. Están resistiendo al infierno, sin esconderse con miedo detrás de puertas cerradas.

Al leer el primer Capítulo del libro de Esdras, aprendemos cómo Dios comenzó a despertar a Su pueblo, después de éste haber estado cautivo durante tantos años. Dios llamó a Su pueblo usando a un hombre impío: el rey Ciro, un incrédulo, pero que estaba en una posición de poder, y podía provocar un cambio en una Nación que no escuchaba a Dios, porque estaba en un sueño profundo.

Cuando Dios tiene un propósito con una persona o grupo de personas, usará a quien le plazca, y hará todo lo necesario para llamar la atención de Sus hijos. El rey de Persia no sirvió al Dios de Israel; sin embargo, su corazón era sensible al llamado de Dios.

Esdras 1:1 dice:

> *"En el primer año de Ciro rey de Persia, para que se cumpliese la palabra de Jehová por boca de Jeremías, despertó Jehová el espíritu de Ciro rey de Persia, el cual hizo pregonar de palabra y también por escrito por todo su reino, diciendo..."*

Si buscamos este mismo versículo en otras versiones de la Biblia que no sea Reina Valera, encontraremos lo siguiente:

> **La Nueva Biblia Viviente dice**: "El Señor obró en el espíritu".

> **La Nueva Versión Internacional** dice: "El Señor conmovió el corazón de Ciro rey de Persia".

> **The Voice - en Inglés** (traducida literal) lo dice así: "El Eterno influyó en el espíritu del rey persa".

No importa qué versión leamos; Dios actualmente está trabajando, influyendo en el corazón de Sus hijos, para que vuelvan al corazón del Padre. `

Si Dios conmovió el corazón del rey Ciro en aquel entonces, significa que también ahora hay personas que viven bajo inquietud y ansiedad, y que necesitan escuchar la voz de Dios para recuperar su lugar en Su Reino. La palabra "conmover" en hebreo es דלהמ y significa despertar o excitar ¡y es lo que Dios está haciendo ahora mismo![2]

¿Cómo fue la situación para los judíos exiliados que vivían en Babilonia? Me encantan las siguientes palabras

---

[2] https://www.bibletools.org/index.cfm/fuseaction/Lexicon.show/ID/H5782/%60uwr.htm

del libro clásico de Eugene Peterson titulado "Corre con los caballos"[3]

"El significado esencial del exilio es que no estamos donde queremos estar. Estamos separados de casa. No se nos permite residir en el lugar donde comprendemos y apreciamos nuestro entorno. Nos vemos obligados a alejarnos de aquello que nos resulta más agradable. Es una experiencia de dislocación: todo está fuera de lugar; nada encaja. Los mil detalles que se han construido a lo largo de los años y que dan una sensación de hogareño (gestos, costumbres, rituales, frases) han desaparecido. La vida es arrancada del suelo familiar de generaciones de lenguaje, hábitos, clima y narraciones y, de manera grosera y sin ceremonias, se deja caer en algún lugar desconocido de la tierra. El lugar de exilio puede presumir de un nivel de vida más alto. Puede que sea más agradable con su clima. Eso no importa. No es mi hogar".

Peterson también escribe:[4] "El exilio es traumático y aterrador. Nuestro sentido de quiénes somos está determinado en gran medida por el lugar en el que estamos y las personas con las que estamos. Cuando eso cambia, violenta y abruptamente, ¿quiénes somos? Las formas habituales que tenemos de encontrar nuestro valor y sentir nuestra importancia desaparecen. La primera ola

---

[3] Eugene H. Peterson, "Run with the Horses," (InterVarsity Press; Downer's Grove, Ill.)1983, Page 148.

[4] Ibid, Página 147

de emoción retrocede y nos deja sintiéndonos inútiles y sin sentido. No encajamos en ningún lado. Nadie espera que hagamos nada. Nadie nos necesita. Somos equipaje extra. No somos necesarios".

El autor pinta un panorama bastante sombrío de la vida en el exilio. Ahora bien, puede que Babilonia no haya sido el peor lugar del mundo para trasladarse; pero ir allí fue un evento sumamente traumático, que cambió la vida de los descendientes de Abraham. Su país había sido derrotado por un enemigo extranjero. El templo de Dios había sido destruido. ¿Podría haber algo peor?

Sacudido, no agitado

Me entristece profundamente que a muchos de nosotros no parezca importarnos vivir en el exilio. Hemos sido separados de Dios, no por un enemigo poderoso, sino por nuestra propia indiferencia y apatía. ¡Qué tragedia vivir en las sombras, en lugar de a la luz del amor de Dios!

Cuando era joven, uno de mis personajes de ficción favoritos era James Bond, el Agente secreto británico 007. Su eslogan para describir la preparación de su cóctel exclusivo era "Sacudido, no agitado"[5]. Encuentro que hoy, muchos del pueblo de Dios prefieren la misma experiencia en la que se sienten sacudidos emocionalmente, o simplemente motivados; pero no una experiencia en la que se despierten espiritualmente. No les importa que

---

[5] https://en.wikipedia.org/wiki/Shaken,_not_stirred

los conmuevan emocionalmente; de hecho, se lo exigen a sus pastores. Quieren un pequeño tirón en las fibras del corazón, e incluso pueden disfrutar derramar una lágrima, o dos, de vez en cuando… ¡pero no quieren que se les provoque a arriesgar sus vidas por el bien del Reino!

Asistimos a servicio tras servicio y conferencia tras conferencia ¡sólo para ser sacudidos, pero no conmovidos; sacudidos, pero no despertados! En el último video de Billy Graham, quizás el mayor evangelista de nuestro tiempo, le escuché decir lo siguiente: "Ha habido momentos en los que he llorado mientras viajaba de ciudad en ciudad, viendo cuán lejos la gente se había alejado de Dios". Y luego continuó diciendo: "Nuestra Nación tiene una gran necesidad de un despertar espiritual"[6].

Hay un despertar que se extenderá por todo el mundo como nunca, y tenemos el privilegio de estar vivos para ver el próximo gran movimiento de Dios.

Dios está despertando a Su Iglesia para un momento como éste.

---

[6] https://www.usatoday.com/story/news/politics/2013/11/07/billy-graham-95th-birthday-party-final-sermon/3464537/

Lección # 2 del Libro de Esdras

¿Ha considerado alguna vez a lo que Esdras renunció cuando regresó de Babilonia a Jerusalén? Babilonia era una potencia mundial, un país con todas las comodidades modernas. Jerusalén, por su parte, había sido devastada por sus enemigos. Sí, el pueblo judío había sido llevado cautivo a Babilonia, y allí habían seguido el consejo del profeta Jeremías: *"Y procurad la paz de la ciudad a la cual os hice transportar, y rogad por ella a Jehová; porque en su paz tendréis vosotros paz"* (Jeremías 29:7). Como sacerdote y escriba, Esdras era un líder de la comunidad judía. Ciertamente estaba dejando atrás la buena vida cuando regresó a Jerusalén. ¿Qué pasaría con nosotros si Dios nos concediera ser como Esdras? ¿Estaríamos dispuestos a renunciar a todo por el reino de Dios?.

PREGUNTAS PARA LA REFLEXIÓN ESPIRITUAL:

1. ¿Cuál es la condición de tu altar hoy?

____

____

____

2. ¿Sientes que todavía hay áreas en tu vida que necesitan ser entregadas a Dios?

____

____

____

3. ¿Qué desafíos te impiden acercarte a Dios?

____

____

____

4. ¿Has sentido el llamado de Dios en tu vida?

____

____

____

5. ¿Hay áreas de tu vida en las que necesitas que te sacudan y conmuevan? Explica tu respuesta,

____

____

____

3

EL GRAN DESPERTAR

En el primer año del reinado de Ciro, rey de Persia, el Señor cumplió la profecía que había dado por medio de Jeremías. Despertó el corazón de Ciro para que pusiera por escrito esta proclama y la enviara por todo su reino: *"Así ha dicho Ciro rey de Persia: Jehová el Dios de los cielos me ha dado todos los reinos de la tierra, y me ha mandado que le edifique casa en Jerusalén, que está en Judá"* (Esdras 1:2).

SOSTUVE ANTES QUE DEMASIADOS CREYENTES caminan sonámbulos. Se dice que cuando dormimos, las personas normalmente pasamos por cuatro etapas:[7]

---

[7] https://www.verywellhealth.com/
the-four-stages-of-sleep-2795920

La primera etapa o del sueño somnoliento es la más ligera; puede alterarse fácilmente, provocando despertares o excitaciones. Nuestro tono muscular en todo el cuerpo se relaja y la actividad de las ondas cerebrales disminuye. Se podría considerar que es una etapa previa al sueño.

La segunda es en realidad la primera etapa del sueño. Los despertares o excitaciones no ocurren tan fácilmente como en la etapa uno. Las ondas cerebrales continúan desacelerando, la temperatura corporal y el ritmo cardíaco comienzan a disminuir.

La tercera etapa se conoce como sueño profundo. Los despertares o excitaciones son raros y, a menudo, resulta difícil despertar a alguien en esta etapa. Las parasomnias como el sonambulismo, o las pesadillas ocurren durante esta etapa profunda del sueño.

La cuarta y última etapa también conocida como Movimiento Ocular Rápido (REM por sus siglas en Inglés) se conoce más comúnmente como etapa de ensueño, en la que los despertares y excitaciones pueden ocurrir más fácilmente.

Estas cuatro etapas son comparables a aquellas en las que podemos caer en un sentido espiritual, porque el sueño es una condición del alma:

- En la etapa uno, comenzamos a relajarnos y nuestra capacidad de discernir disminuye.

- En la segunda etapa, nuestros corazones pierden la pasión por nuestro caminar con Dios. Lo que antes considerábamos un comportamiento incorrecto, pierde sus límites preestablecidos. Nuestro ritmo cardíaco espiritual disminuye hasta el punto de que, poco a poco nos desconectamos de nuestra relación con Dios.

- En la tercera etapa caemos en un sueño profundo, donde lo que decimos ya no tiene ningún sentido; simplemente hablamos, y nada de lo que decimos está claro.

- Finalmente, en la cuarta etapa, estamos completamente desconectados e inconscientes de nuestra realidad. Ya no sentimos nada, porque estamos soñando. Lamentablemente, esto ilustra la condición espiritual actual de muchos del pueblo de Dios.

Dormir puede ser una bendición

El sueño es vital para la salud de nuestro cuerpo y espíritu. Pienso en Jesús durmiendo pacíficamente en un pequeño barco de pesca, atrapado en una terrible tormenta en el Mar de Galilea. Los apóstoles estaban completamente aterrorizados, pero Jesús sabía que la situación estaba segura en manos de Su Padre (Lucas 8:22-25). Si alguna vez ha estado en un avión sacudido por turbulencias, es posible que tenga una idea de cómo se sintieron los apóstoles en medio de esa tormenta.

Es una bendición poder dormir pacíficamente en los brazos de Dios, sin importar lo que esté sucediendo a nuestro alrededor; pero hay un tiempo para dormir y un tiempo para estar completamente despierto.

Muchas bendiciones Satanás las ha convertido en amenazas peligrosas contra nosotros mismos. Pienso en la computadora, por ejemplo. Las computadoras han bendecido nuestras vidas, de muchas maneras. Gracias al Ordenador tenemos mundos enteros de información al alcance de nuestra mano. Podemos comunicarnos instantáneamente con personas en cualquier parte del mundo. Y las computadoras han marcado una enorme diferencia para los escritores. Ya no es necesario cortar y pegar cuando se haya cometido un error tipográfico, ni arrugar una página y tirarla a la basura porque se ha cometido un error grave. Es fácil volver atrás, borrar el error y luego seguir adelante.

Pero a pesar de todas las cosas buenas que nos han traído, las computadoras también son responsables de muchas angustias modernas. El robo de identidad se ha convertido en un negocio de miles de millones de dólares, y los ciberdelincuentes son en gran parte responsables. Miles de personas inocentes han perdido los ahorros de toda su vida debido a estafas generadas por computadora, y es una tragedia. Las computadoras también han traído el acceso a la pornografía a nuestros hogares, lo que ha llevado a adicciones sexuales y ha desintegrado a innumerables familias. Y ha permitido a los acosadores arrojar su odio y lanzarlo cuando lo deseen. ¿Quién diría que había tantos "trolis" odiosos a nuestro alrededor?

Como dije antes, cada vez que leemos acerca de algún invento nuevo que está lleno de potencial para ayudar a la humanidad, podemos estar seguros de que el diablo encontrará una manera de torcerlo para hacernos daño. ¡Eso es lo que hace! Por ejemplo, ninguna vida humana puede sobrevivir sin agua y, sin embargo, cada año se pierden miles de vidas por ahogamiento. El fuego nos proporciona calor en las frías noches de invierno; pero si el fuego se sale de control, puede destruir comunidades enteras. La energía nuclear puede proporcionar un suministro abundante y económico de energía, Pero si se utiliza de manera incorrecta, la energía nuclear tiene el potencial de destruir el mundo entero. Es difícil pensar en un buen regalo que Dios nos haya dado, que el diablo no haya torcido y tratado de usar en contra nuestra.

Y lo mismo ocurre con el sueño. Dormir puede restaurar nuestra energía, dándonos la fuerza para hacer lo que Dios nos ha llamado a hacer. Pero dormir demasiado puede embotar los sentidos y cegarnos ante el llamado de Dios a nuestra vida. Considere a Pedro, Juan y Santiago, a quienes el Señor les pidió que velaran y oraran con Él, mientras la noche de su aprehensión, enfrentaba su arresto. Una hora fue todo lo que les pidió a estos queridos amigos suyos, pero debido al poder que el sueño tenía sobre ellos, no pudieron hacerlo. La trágica historia se encuentra en el Capítulo 26:36-46 de Mateo, descrita así: *"Entonces llegó Jesús con ellos a un lugar que se llama Getsemaní, y dijo a sus discípulos: Sentaos aquí, entre tanto que voy allí y oro. Y tomando a Pedro, y a los dos hijos de Zebedeo, comenzó a entristecerse y a angustiarse en gran manera. Entonces Jesús les dijo: Mi alma está muy triste, hasta la muerte; quedaos aquí, y velad conmigo. Yendo un poco adelante, se postró sobre su rostro, orando y diciendo: Padre mío, si es posible, pase de mí esta copa; pero no sea como yo quiero, sino como tú. Vino luego a sus discípulos, y los halló durmiendo, y dijo a Pedro: ¿Así que no habéis podido velar conmigo una hora? Velad y orad, para que no entréis en tentación; el espíritu a la verdad está dispuesto, pero la carne es débil. Otra vez fue, y oró por segunda vez, diciendo: Padre mío, si no puede pasar de mí esta copa sin que yo la beba, hágase tu voluntad. Vino otra vez y los halló durmiendo, porque los ojos de ellos estaban cargados de sueño. Y dejándolos, se fue de nuevo, y oró por tercera vez, diciendo las mismas palabras. Entonces vino a sus discípulos y les dijo: Dormid ya, y descansad. He aquí ha llegado la hora, y el Hijo del Hombre es entregado en manos de pecadores. Levantaos, vamos; ved, se acerca el que me entrega"*.

La agitación de la Iglesia de Sardis

En las Escrituras, quizás el mejor ejemplo de una iglesia espiritualmente muerta o dormida es la de Sardis.

En el Libro del Apocalipsis, Jesús condenó rápida y claramente su estado de sueño. *"Escribe al ángel de la iglesia en Sardis: El que tiene los siete espíritus de Dios, y las siete estrellas, dice esto: Yo conozco tus obras, que tienes nombre de que vives, y estás muerto. Sé vigilante, y afirma las otras cosas que están para morir; porque no he hallado tus obras perfectas delante de Dios. Acuérdate, pues, de lo que has recibido y oído; y guárdalo, y arrepiéntete. Pues si no velas, vendré sobre ti como ladrón, y no sabrás a qué hora vendré sobre ti"* (Apocalipsis 3:1-3).

El sueño espiritual ocurre cuando nuestro afecto por el pasado se vuelve mayor que nuestro entusiasmo por el futuro. Nos hemos vuelto nostálgicos en nuestro caminar con Dios, y es un caminar basado en recuerdos, pero sin inspiración para el día de hoy.

La iglesia de Sardis puede haber tenido una buena reputación, pero espiritualmente carecía de vida. En otras palabras, estas personas seguían los movimientos de la religión. Entonces Jesús los llamó a arrepentirse de su pecado, a despertar y comenzar prestando atención a su necesidad de salvación, para dejar de ser descuidados con la condición de su corazón ante Dios.

El sueño espiritual también ocurre cuando estamos más preocupados por nuestra reputación que por nuestra misión. La iglesia de Sardis había mantenido la reputación de estar viva, aunque estuviera muerta. Es como si estuvieran derramando su energía en mantener su reputación ante sus vecinos, y descuidando su llamado a predicar el Evangelio que despierta el alma. Estaban más centrados en cómo eran percibidos, que en su misión: ganar a sus vecinos para Jesús.

Nuestro deseo de impactar socialmente a nuestro mundo, no reemplaza nuestra condición espiritual ante Dios. No podemos escondernos detrás de nuestra foto de perfil para siempre: ¡Jesús ve nuestro verdadero yo!

Hay un lugar y un momento para mirar hacia atrás y celebrar las cosas que Dios ha hecho; pero no podemos buscar únicamente inspiraciones pasadas para motivaciones presentes.

Finalmente, los de Sardis habían adoptado una mentalidad consumista, en lugar de un corazón de siervo. Es posible que en su apogeo, hubieran crecido tanto que dirigieran su atención hacia adentro para administrar y proteger lo que habían logrado. Como resultado, se volvieron cautelosos, territoriales y tal vez asumieron muy pocos riesgos y dejaron de innovar por el bien del Evangelio. Comenzaron a centrarse en complacer a la congregación en lugar de llegar a su comunidad. Se volvió todo acerca de "yo" en lugar de "ellos", perdidos en la comunidad. Jesús está llamando a la Iglesia a despertar de su letargo, y a buscarlo de nuevo cada día.

Lo interesante es que los de Sardis tenían una historia de complacencia que los atormentaba. Sardis fue una vez la antigua Capital del reino de Lidia, y estaba gobernada por un rey extremadamente rico llamado Creso. En su orgullo, Creso lanzó un ataque contra Ciro, rey de Persia, pero fue derrotado en la batalla. Más tarde regresó a Sardis para reagruparse y reconstruir un ejército, sólo para descubrir que todo el ejército persa estaba montando su propio contraataque. En ese momento, la ciudad principal estaba en una acrópolis de unos 1.500 pies de altura. Se dice que, en su orgullo, los sardos no podían imaginar a nadie escalando sus altos muros para entrar en la ciudad. Así que la complacencia se apoderó de ellos y la seguridad se volvió muy laxa. Los vigilantes de las torres perdieron su vigilancia y aparentemente se quedaron dormidos.

Desafortunadamente, su equivocada complacencia condujo a una invasión cuando hábiles persas escalaron fácilmente sus murallas e invadieron la ciudad.[8]

Ahora bien, esto es lo realmente triste de esta historia. Ocurrió dos veces en la de Sardis. La primera, en algún momento del año 549 a. C. con el rey Ciro y los persas. La segunda vez fue tres siglos después, en 195 a. C., cuando Antíoco el Grande conquistó la ciudad exactamente con la misma estrategia (sus soldados escalaron las murallas sin ser detectados). Los sardos tenían una cultura del sueño, una cultura que eventualmente los conduciría a su desaparición[9].

---

[8] https://lineagejourney.com/read/sardis-the-dead-church

[9] Ibid

Cuando Jesús llamó a la iglesia de esa ciudad a salir de su letargo espiritual, no fue una súplica amable. Él gritaba a todo pulmón: ¡Despierta! *"Sé vigilante, y afirma las otras cosas que están para morir; porque no he hallado tus obras perfectas delante de Dios"* (Apocalipsis 3:2).

Conmovido por la Palabra

Sólo la Palabra de Dios puede conmover el alma como ninguna otra cosa. Hebreos 4:12 nos dice: *"Porque la palabra de Dios es viva y eficaz, y más cortante que toda espada de dos filos; y penetra hasta partir el alma y el espíritu, las coyunturas y los tuétanos, y discierne los pensamientos y las intenciones del corazón.".* Hay esperanza, y esa esperanza se encuentra en lo único que despierta el alma, y es la obediencia a la Palabra de Dios.

El rey Ciro se conmovió por el cumplimiento de una palabra dada a Jeremías: *"Porque he aquí que vienen días, dice Jehová, en que haré volver a los cautivos de mi pueblo Israel y Judá, ha dicho Jehová, y los traeré a la tierra que di a sus padres, y la disfrutarán"* (Jeremías 30:3) que se estaba cumpliendo justamente en los días de su reinado.

Sólo la Palabra de Dios puede agitar el alma y despertarla de su letargo. Por eso Jesús dijo a los sardos: *"Acuérdate, pues, de lo que has recibido y oído; y guárdalo, y arrepiéntete. Pues si no velas, vendré sobre ti como ladrón, y no sabrás a qué hora vendré sobre ti"* **(Apocalipsis 3:3).** Despertar de un letargo espiritual requería regresar a los fundamentos de la fe, que son "escuchados y creídos". Jesús los exhortó a retenerlos firmemente, lo que significa simplemente hacer lo que Él dice.

En los capítulos siguientes, elaboraremos más sobre las cosas que hemos "recibido y oído". Esto significa que necesitamos regresar y hacer las cosas que despertaron nuestro afecto por Cristo, cuando nos convertimos en cristianos por primera vez. No me refiero a las cosas superficiales que estaban basadas simplemente en emociones, sino a actividades bíblicas concretas que revelan a Dios en toda Su gloria.

Cuando sentí que mi fe estaba menguando, descubrí que regresar al ayuno y la oración, a menudo despierta mis afectos y aumenta mi amor por Jesucristo. Para otros regresar puede ser releer los Evangelios, en oración, para ver a Jesucristo de nuevo.

Por último, algo fundamental para nuestra fe es nuestra comprensión del significado del verdadero arrepentimiento. Jesús llamó a los sardos a arrepentirse de su letargo para experimentar un verdadero avivamiento.

A lo largo de los años, he oído tanto sobre avivamiento, que se ha convertido en una palabra más que entusiasma a la Iglesia, nunca acompañada de una transformación real. Me refiero al tipo de transformación que menciona el apóstol Pablo en su carta a la iglesia primitiva en Corinto. *"Por tanto, nosotros todos, mirando a cara descubierta como en un espejo la gloria del Señor, somos transformados de gloria en gloria en la misma imagen, como por el Espíritu del Señor"* (2 Corintios 3:18).

El arrepentimiento siempre ha sido el lugar donde comenzamos a encontrar el camino de regreso para restaurar nuestra relación con Dios. Sólo reconociendo dónde estamos, podemos ser impulsados a donde necesitamos estar.

Ha llegado el momento de que el pueblo de Dios regrese al lugar de renovación espiritual que permitirá que la iglesia, la casa de Dios, sea restaurada. Esdras 1:5 narra que... *"Entonces se levantaron los jefes de las casas paternas de Judá y de Benjamín, y los sacerdotes y levitas, todos aquellos cuyo espíritu despertó Dios para subir a edificar la casa de Jehová, la cual está en Jerusalén".*

Hay un remanente, una nueva generación de creyentes cuya alma Dios está incitando a regresar y ocupar el lugar que les corresponde aquí en la tierra. Mi oración es que nuestros corazones sean conmovidos por la Palabra de Dios, para regresar a un lugar de verdadero arrepentimiento y experimentar una auténtica renovación. ¡Que la Iglesia se levante y regrese en esta hora final!

Llamado al altar

La razón principal por la que Dios conmovió el corazón del rey Ciro, fue para que él pudiera ser el instrumento entre el pueblo de Dios y el llamado a regresar, y reconstruir el altar y el templo que había estado en ruinas.

Hay varios detalles que se relacionan con este llamado de Dios, que revelan lo que el Espíritu Santo desea hacer hoy: Dios ordenó la reconstrucción del templo en Jerusalén, específicamente en el territorio de Judá. Judá significa alabanza. Por lo tanto, Dios estaba exigiendo a sus hijos que regresaran a un lugar de adoración. Es a través de la alabanza y la adoración que podemos conectarnos directamente con el corazón del Padre.

Cuando entramos en las etapas de somnolencia, la primera área que refleja decadencia es la adoración. Poco a poco el silencio empieza a dominar. La tristeza, la ansiedad, el miedo y la distancia creada entre Dios y el ser humano, comienza a apagar nuestra adoración. El rey David supo reconocer ésto, y cuando llegó el punto en que no podía alabar, ordenó: *"Bendice, alma mía, a Jehová, y bendiga todo mi ser su santo nombre. Bendice, alma mía, a Jehová, y no olvides ninguno de sus beneficios"* (Salmo 103:1-2).

Dios podría haber pedido que se construyera un nuevo altar en un nuevo territorio, pero habló claramente, afirmando que tenía que estar en el territorio de Judá, en adoración. Dios desea entronizarse en la adoración de Sus hijos. Hay altares (corazones) en ruinas en los que la adoración ya no existe, y debemos reconstruir esos lugares de adoración si queremos que el avivamiento tenga lugar dentro de nosotros.

Otro detalle que no se puede pasar por alto, es que el rey Ciro hizo dos estipulaciones en su decreto, y los hijos de Israel tenían dos opciones: Revisemos

1) *"Quien haya entre vosotros de su pueblo, **sea Dios con él, y suba a Jerusalén que está en Judá**, y edifique la casa a Jehová Dios de Israel (él es el Dios), la cual está en Jerusalén"*. (Esdras 1:3 – Énfasis añadido)

2) *"Y a **todo el que haya quedado, en cualquier lugar donde more**, ayúdenle los hombres de su lugar con plata, oro, bienes y ganados, además de ofrendas voluntarias para la casa de Dios, la cual está en Jerusalén"* (Esdras 1:4 – Énfasis añadido).

Los judíos en Babilonia tuvieron que decidir si querían permanecer allí, o regresar a Jerusalén y reconstruir lo que había sido destruido. Tengamos en cuenta que permanecer significaba vivir en las mismas condiciones de cautiverio a las que se habían acostumbrado. El llamado abierto a regresar a Jerusalén significaba dejar atrás todo lo que sabían, y mudarse a una tierra que muchos nunca habían visto. ¡No todos respondieron al llamado de Dios!.

De la misma manera, muchos de nosotros hoy nos hemos acostumbrado tanto a la esclavitud que huimos de la libertad. Abrazamos la tristeza porque no sabemos cómo gestionar la felicidad.

Dios está llamando a la puerta del corazón de sus hijos, pero depende de nosotros decidir si le dejamos entrar, o si se queda fuera. A veces oramos por un avivamiento, pero estamos tan acostumbrados a la forma de vida terrenal, que hemos perdido de vista las cosas espirituales que nos conectan con Dios. El llamado al altar no es sólo para reconciliar un corazón con Dios, sino también para activar esas respuestas que Dios exige de nosotros.

Analicemos un poco más profundamente el texto. Este decreto abierto que el rey pregonó, tenía un mandato específico: *"Y a todo el que haya quedado, en cualquier lugar donde more, ayúdenle los hombres de su lugar con plata, oro, bienes y ganados, **_además de ofrendas voluntarias para la casa de Dios, la cual está en Jerusalén"_** (Esdras 1:4 - Énfasis añadido).

Afirmamos que somos conscientes de la Gran Comisión de predicar el Evangelio en todo el mundo, pero no podemos, o no queremos apoyar ministerios que viven por fe, o personas que sirven como misioneros en países y territorios donde pocos son lo suficientemente valientes para visitar. Irónico resulta que, quienes no son miembros del pueblo de Dios (o de la Iglesia), muchas veces son más solidarios y generosos.

———————————

El primer Capítulo del libro de Esdras deja claro que los que lideraban el grupo que regresó a Jerusalén, eran de las tribus de Judá y Benjamín. En tiempos cuando el Tabernáculo llevaba la presencia de Dios, la tribu de Judá marchaba al frente, y la tribu de Benjamín avanzaba ubicada en la parte trasera del Tabernáculo. Los líderes de adoración eran principalmente de la tribu de Judá, y los guerreros de la tribu de Benjamín. Dios está llamando a los adoradores y guerreros de oración a regresar.

En este punto es importante tomar en cuenta que, cuando Dios conmovió el corazón de Ciro para que emitiera el decreto que conduciría a la reconstrucción del templo, también devolvió todo lo que Nabucodonosor había saqueado del templo. Hay una lección importante que aprender aquí, y es que cuando Dios nos llame a regresar al altar, a nuestro lugar seguro y permanente, todo lo que el enemigo nos quitó, nos será devuelto.

Revisemos la historia de Job, del libro del Antiguo Testamento que lleva su nombre: Satanás le quitó todo a Job, excepto su vida. Perdió a sus hijos e hijas, sus propiedades, sus cosechas, su ganado e incluso su salud. (Habría quitado la vida a Job, si no fuera porque Dios le prohibió expresamente hacerlo). Sufría un dolor constante, al punto que su esposa lo instó a "maldecir a Dios y morir".

Pero cuando Job perseveró en medio de su prueba, y les dijo a su esposa y a sus amigos que confiaría en Dios sin importar lo que pasara, todo lo que había perdido le fue restaurado. La Biblia dice: *"Y quitó Jehová la aflic-ción de Job, cuando él hubo orado por sus amigos; y aumentó al doble todas las cosas que habían sido de Job. Y vinieron a él todos sus hermanos y todas sus hermanas, y todos los que antes le habían conocido, y comieron con él pan en su casa, y se condolieron de él, y le consolaron de todo aquel mal que Jehová había traído sobre él; y cada uno de ellos le dio una pieza de dinero y un anillo de oro. Y bendijo Jehová el postrer estado de Job más que el primero; porque tuvo catorce mil ovejas, seis mil camellos, mil yuntas de bueyes y mil asnas, y tuvo siete hijos y tres hijas. Llamó el nombre de la primera, Jemima, el de la segunda, Cesia, y el de la tercera, Keren-hapuc. Y no había mujeres tan hermosas como las hijas de Job en toda la tierra; y les dio su padre herencia entre sus hermanos. Después de esto vivió Job ciento cuarenta años, y vio a sus hijos, y a los hijos de sus hijos, hasta la cuarta generación. Y murió Job viejo y lleno de días"* (Job 42:10-17).

¿Hasta dónde obedecerás?

Desde que entregué mi vida a Jesucristo, he hecho todo lo posible por obedecerle. Al revisar mi vida, veo ocasiones en las que la obediencia fue una verdadera lucha. Para ser honesto, no siempre quise obedecer. Pero puedo ver que cuando lo hice, Dios lo hizo para mi beneficio y Su gloria. En las ocasiones en que me esforcé y fingí no escuchar lo que Él me decía, llegué a arrepentirme con todo mi corazón. ¿Por qué? No porque Él me castigara, sino porque me perdí lo mejor para mí. Además, sé que le duele cuando no obedecemos, y herir a mi Señor es lo último que quiero hacer.

Aun así, a veces me pregunto hasta dónde llegaría mi obediencia. ¿Y usted? ¿Haría lo que hizo Esdras, y renunciarías a una buena vida en Babilonia para regresar y ayudar a reconstruir la devastada Jerusalén? ¿Haría lo que hizo Abraham cuando se preparó para entregar a su hijo Isaac como sacrificio al Señor? ¿Podría empacar todas tus pertenencias y llevar a su familia a una tierra que nunca ha visto, como lo hizo Abraham?

Espero obedecer al Señor pase lo que pase. Pero nunca sabremos realmente lo que haríamos hasta que nos encontremos en la posición de decir "Sí, Señor" o "Señor, por favor busca a alguien más"... Estoy seguro de que obedeceríamos al Señor si sintiéramos que eso nos haría parecer "un héroe". Pero ¿y si eso nos hiciera parecer tontos? ¿Qué pasaría si la gente se riera de usted? Probablemente sería más difícil de aceptar.

Firme de pie sobre tu cabeza por Dios

Hace poco leí acerca de una mujer (llamémosla Susan) que pasaba por una tienda de víveres, cuando sintió que el Señor le decía: "Quiero que entres en esa tienda y te pongas de cabeza". Al principio, ella se rió y pensó: "Debo estar imaginando cosas"... Pero el sentimiento no la dejaba ir. Y, de hecho, Susan sintió que se suponía que debía hacerlo para que la "dependiente" pudiera verla.

Como podrá adivinar por lo que he dicho hasta ahora, Susan cree firmemente en Jesucristo, y había aprendido a escuchar Su dirección. Un par de veces con su auto le dio la vuelta a la manzana, mientras discutía con el Señor; pero, finalmente cedió. Encontró un lugar para estacionar y entró en la tienda. La tienda no estaba ocupada, pero había un par de clientes. Susan fingió estar curioseando hasta que finalmente se fueron.

Miró a su alrededor y vio que el lugar estaba vacío. ¡Esta era su oportunidad! Llamó a la empleada que estaba detrás de la caja registradora: "¡Oye, mira ésto!" Rápidamente se puso de cabeza, y luego volvió a ponerse de pie. Para su sorpresa, la empleada no se rió ni dijo: "¿Qué crees que estás haciendo?". En cambio, comenzó a llorar. Grandes y brillantes lágrimas rodaron por sus mejillas... "Lo siento", dijo Susan. "No quise molestarte. Por favor, no llores". "No es eso", replicó la empleada entre lágrimas. "¿Entonces que?"

La mujer le explicó que estaba pasando por un momento muy difícil en su vida. Sentía que nadie la amaba, ni siquiera Dios. Incluso había empezado a dudar de su existencia. Ella comenzó a considerar quitarse la vida, pero luego hizo una petición a Dios: "Si en realidad estás allí y realmente te preocupas por mí, quiero que envíes a alguien a la tienda y que se ponga de cabeza frente a mí".

Fue una petición loca, sin duda. Nunca recomendaría poner a Dios a prueba de esa manera. Pero Él es capaz de hacer cualquier cosa, e hizo todo lo posible para mostrar Su amor. Gracias a Dios, Susan estaba escuchando. Esa cosa "tonta" que Susan estuvo dispuesta a hacer, cambió la vida de la empleada, con el amor de Jesús.

¡Que todos escuchemos y estemos listos para hacer lo que Dios ordene!

Lección #3 del Libro de Esdras

En tiempos de Esdras, muchos judíos se habían separado de Dios. Nunca habían oído Su Palabra. Estaban desesperadamente necesitados del avivamiento que Dios les trajo a través de hombres como Esdras. De manera similar, a principios del siglo XVIII, la Iglesia estadounidense estaba, en su mayor parte, espiritualmente muerta. Los colonos se estaban volviendo ricos, cómodos y satisfechos de sí mismos. A medida que la fe se debilitaba, muchas iglesias bajaron sus estándares de membresía. ¡Ya no era necesario ser cristiano para ser miembro de la iglesia!

Se necesitaba un "gran despertar", y Dios lo provocó a través de predicadores como Jonathan Edwards, George Whitefield y Theodorus Frelinghuysen. Estos hombres comenzaron a predicar poderosos sermones directamente de la Palabra de Dios. Compartieron sobre la necesidad de tener una relación personal con Cristo… y el avivamiento explotó en todas las colonias.

Estas son las claves que debemos usar para estimular el avivamiento en el siglo XXI: La Palabra de Dios; y, el poder de una relación personal con Cristo. Cuando compartamos estas cosas, seguramente vendrá un avivamiento.

PREGUNTAS PARA LA REFLEXIÓN ESPIRITUAL

1. 1. ¿Qué pasos podemos dar para permanecer completamente despiertos y vitales en nuestro caminar cristiano?

2. Si hubiera estado viviendo en Babilonia en el tiempo de Esdras, ¿cree que habría regresado a Jerusalén, o habría permanecido en cautiverio? Explique en pocas palabras su respuesta.

3. "Es a través de la alabanza y la adoración que podemos conectarnos directamente con el corazón del Padre". ¿Vive un estilo de vida de alabanza y adoración?

55

____

____

____

4. ¿Qué le ha quitado el enemigo que le gustaría que le devolvieran?

____

____

____

4

LEVÁNTATE Y ASCIENDE

"Estos son los hijos de la provincia que subieron del cautiverio, de aquellos que Nabucodonosor rey de Babilonia había llevado cautivos a Babilonia, y que volvieron a Jerusalén y a Judá, cada uno a su ciudad..." (Esdras 2: 1)

A LO LARGO DE LAS ESCRITURAS VEMOS CONSTANtemente a un Padre Celestial, que busca con persistencia a Sus hijos perdidos. El deseo de Su corazón es que Sus hijos quieran amarlo, adorarlo y tener una relación íntima con Él.

Dios le dijo a Jeremías antes del cautiverio inicial: *"Por eso el Señor dice: 'Si regresas, te dejaré ocupar tu lugar otra vez, parado delante de Mí'... "* (Jeremías 15:19, NASB 1995). Incluso antes de este cautiverio, Dios estaba llamando a su pueblo para que regresara a Él. El Señor continuó acercándose a Su pueblo y llamando su atención a través de Su misericordia y gracia.

No importa dónde hayamos tropezado o caído, el Padre Celestial nos está llamando a levantarnos y ascender de regreso al lugar que nos corresponde a Su lado. Aquí es donde pertenecemos: Al redil seguro que nuestro Padre ha preparado para nosotros, desde antes del principio de los tiempos.

A pesar del llamado amoroso de Dios, Su pueblo todavía no estaba dispuesto a regresar y vivir bajo Su voluntad y Sus caminos. Por eso los entregó en manos de los babilonios. Habían pasado setenta años cuando se produjo este llamado a regresar a Jerusalén para que el Templo fuera restaurado. La reconstrucción del Templo fue la manera en que Dios revivió a su pueblo.

La decisión de reconstruir requiere compromiso y valentía. Para aquellos que obedecieron el llamado de Dios a regresar a Jerusalén, significaría dejar atrás la tierra de Babilonia que, para muchos, fue su lugar de nacimiento y educación. Muy pocas personas que entraron en Babilonia bajo el cautiverio inicial todavía estaban vivas. Muchos nacieron en este escenario. Babilonia era su hogar y no tenían ningún recuerdo de Jerusalén.

Tendrían que abandonar lo que sabían, y dirigirse 700 millas al Oeste, hacia Jerusalén, para cumplir la profecía y el llamado de Dios. No podemos olvidar que tenían pocos recuerdos, si es que tenían alguno, de Jerusalén, que, en ese momento, estaba completamente destruida. Sus muros, las casas y el Templo habían quedado reducidos a poco más que pedazos y recuerdos.

Hoy, Dios nos llama a hacer lo mismo. Necesitamos dejar de lado todo lo que nos ha impedido entrar en la plenitud de Dios y su llamado para nuestras vidas. ¡Él no se contenta con dejarnos en un estado caído, sino que nos llama a levantarnos y ascender! Esto puede significar que tendremos que adentrarnos en zonas desconocidas o enfrentarnos a cosas de las que sabemos muy poco. El llamado principal de Dios es que salgamos de nuestra zona de confort, y comencemos a estirar nuestra fe.

Si queremos experimentar un avivamiento, debemos estar dispuestos a dejar atrás lo que conocemos, y entrar en un nivel más profundo de servicio y compromiso con Dios. Debemos avanzar con fe hacia lo desconocido, para lograr lo que el Espíritu de Dios quiere. Esto sólo puede suceder cuando el Espíritu Santo se mueve en nuestros corazones.

"Entonces se levantaron los jefes de las casas paternas de Judá y de Benjamín, y los sacerdotes y levitas, todos aquellos cuyo espíritu despertó Dios para subir a edificar la casa de Jehová, la cual está en Jerusalén. Y todos los que estaban en sus alrededores les ayudaron con plata y oro, con bienes y ganado,

*y con cosas preciosas, además de todo lo que se ofreció volun-
tariamente"* (Esdras 1:5-6).

Tenga en cuenta que Dios había obrado en sus espíritus. Recibieron un despertar para dejar lo que sabían, y comenzar a hacer lo que Dios quería para ellos. Esto mismo debe suceder con todos nosotros si deseamos pasar, en fe, desde lo familiar a un nuevo nivel espiritual.

Cuando en el libro de Esdras estudiamos el viaje de retorno, describe a los exiliados que fueron movidos por Dios a regresar a Jerusalén. Es posible que nos veamos reflejados en cualquiera de estos grupos. Podría ser simplemente que su corazón esté siendo conmovido por el Espíritu Santo. Quizás haya sentido un vacío en esta temporada. Es posible que haya experimentado alegría, pero todavía sienta que falta algo. Quizás, cuando se sienta débil, recuerde los momentos en que Dios era su todo. Puede ser que haya pasado tanto tiempo lejos de la iglesia, distante del lugar donde encontró a Jesús por primera vez, al punto que haya perdido todo recuerdo de su relación con Dios.

La generación que respondió al llamado de Dios de regresar a Judá, estuvo compuesta por aquellos que nacieron en cautiverio, a causa de sus padres. Ellos no eligieron nacer en esas condiciones; simplemente lo eran. Esta podría ser su realidad actual. Posiblemente sienta que lo que le ha tocado pasar es injusto. Es algo que no merecía; y el estar lejos de Dios, ha bloqueado su conocimiento de cómo regresar. Quiero recordarle que Dios nunca se rinde. Desde Génesis hasta el libro del Apocalipsis, la Biblia nos muestra cómo Él, constantemente intenta tener una relación íntima con nosotros.

Este llamado a levantarse y ascender al altar es para todos. Sin embargo, existe una urgencia para aquellos que han sido llamados al liderazgo. La tarea de reconstruir el altar es para personas que han caído en un conformismo, que les ha impedido alcanzar nuevos niveles espirituales que Dios desea que descubran. Estas son las mismas personas que han abandonado sus comunidades de fe, y todo lo que tiene que ver con su relación con Dios.

Lastimosamente, los niños cuyos padres decidieron alejarse del Señor, son las generaciones que también se han mantenido alejadas. Muchos se alejaron de Dios durante la pandemia, momento muy aterrador de la Historia. Qué trágico pensar que dejaron atrás a Dios, justo cuando necesitaban Su amor y protección más que nunca. En lugar de correr al refugio de Sus brazos, se alejaron de su llamamiento y de su propósito piadoso. Han abandonado sus ministerios y están desanimados y frustrados.

La mayoría de las personas se apresuran a culpar a Dios cuando algo sale mal, pero tardan en agradecerle cuando responde sus oraciones, o los bendice de alguna manera. ¿Recuerda la historia de los diez leprosos que Jesús curó? (Capítulo 17 de Lucas.) Diez hombres fueron sanados, pero sólo uno regresó para agradecerle. No somos tan diferentes de esos nueve tipos desagradecidos. Que el Señor nos abra los ojos para ver las bendiciones que derrama, y llene nuestro corazón de gratitud.

No se trata sólo de aquellos que se alejaron de una iglesia o comunidad de fe; este llamado también es para las personas que visitan un Templo cada semana, pero su corazón está lejos de la presencia de Dios. Ellos necesitan hacer revivir los dones que Dios les ha dado. Son adoradores y servidores que han convertido una relación personal con Dios, en nada más que una costumbre o un hábito.

¿Quiénes fueron los exiliados que decidieron regresar, como se afirma en el segundo capítulo de Esdras? Las mismas personas que Dios está llamando hoy. Si busca la definición de exiliado en el diccionario, encontrará algo así como (una persona) que ha sido expulsada y excluida de su país de origen, generalmente por razones políticas o punitivas. Dependiendo de la versión de la Biblia que lea, podrían haber sido descritos como "prisioneros extraditados".

Ahora, la pregunta es: ¿dónde busca refugio hoy? ¿Por qué abandonó su lugar? Independientemente de por qué se haya alejado de la presencia de Dios, o de por qué se haya desanimado, tengo la esperanza de que Dios esté usando este libro, tal como el "decreto" que despertó en el corazón del rey Ciro, para llamar su corazón de regreso al altar. Dios quiere reintegrarle, pero primero debe aceptar voluntariamente Su llamado.

El libro de Esdras nos dice que a Judá regresaron los israelitas, sus familias, los sacerdotes y líderes religiosos, los levitas, los cantores, los siervos, los hombres que trabajaban en la casa del Señor y los hijos de los siervos de Salomón. Toda una generación de servidores que estaban lejos de su lugar de destino. ¿Se identifica con alguna de esas personas? Desde los jefes de familia hasta los maestros, evangelistas, adoradores y personas expertas en artes, Dios los estaba llamando a todos a regresar a casa, con Él.

El Espíritu Santo anhela revivir el don de Dios que vive dentro de usted. Cuando Dios nos creó, nos inculcó dones que están de acuerdo con Su propósito terrenal y Su llamado celestial. Es por eso que hay quienes que pueden tocar un instrumento, sin siquiera recibir una clase formal, o quienes pueden cantar maravillosamente sin ningún entrenamiento de voz. A nuestro alrededor hay personas que tienen el don de sus manos, su voz y otras "habilidades" importantes, pero muchos de ellos están perdidos y confundidos, lejos de Aquel que promete: *"Venid a mí todos los que estáis trabajados y cargados, y yo os haré descansar"* (Mateo 11:28).

Todos somos exiliados

¿Qué se siente ser un exiliado? Creo que es algo que todo migrante ha experimentado en un momento u otro. Los que somos creyentes conocemos la sensación de estar exiliados aquí en la tierra. Sabemos que nuestro verdadero hogar está en el Cielo, y hasta que lleguemos allí, la mayoría sentiremos un poco de nostalgia e inquietud a causa de lo que sucede en la cultura que nos rodea.

Un hombre dijo que siempre había sentido un dejo de tristeza y anhelo por algo, pero que no podía entender qué era. Entonces, cierto día se le ocurrió, que lo que añoraba era el Cielo. Anhelaba encontrarse con el Señor cara a cara, y hasta que llegara ese día, siempre sentiría la tristeza que proviene de la separación…

Conozco cientos de personas que han venido a los Estados Unidos desde países extranjeros; casi todos vinieron aquí en busca de una vida mejor para ellos y sus hijos. Vinieron para escapar de la pobreza y la opresión abyectas, y aman a Estados Unidos con pasión. Y, sin embargo, son exiliados en muchos sentidos. Muchos llegaron sin saber el idioma, ni comprender la cultura. No conocían los pequeños gestos que se esperan de la sociedad estadounidense "educada". Los padres observaron cómo sus hijos tenían dificultades en la escuela, porque no sabían Inglés. Algunos sufrieron en manos de mentores y/o profesores que los trataban como tontos, en lugar de tomar en consideración que eran nuevos en los Estados Unidos.

¿Estoy pintando un panorama demasiado sombrío? Por supuesto que no; aunque estoy hablando del peor de los casos en todas estas situaciones. Muchas familias inmigrantes han sido recibidas con los brazos abiertos en su nuevo vecindario y escuelas. Se les ha brindado toda la ayuda que necesitaban para hacer la transición a la vida en Estados Unidos; pero, incluso en estas situaciones, son extraños en una tierra extraña: ¡Son exiliados!

Miles de hombres y mujeres estadounidenses valientes que sirven en campos misioneros en todo el mundo, también saben lo que es ser exiliados. Antes de partir a los países donde van a servir a Dios, necesitan aprender acerca de las expresiones culturales. Por ejemplo, en algunos países, extender la mano para estrechar la de alguien, se considera agresivo, una invasión del espacio de la otra persona. En muchas otras naciones, los gestos con las manos como el signo de "bien", el signo de la paz, o cruzar los dedos, se consideran vulgares. Ah, sí, y en los países árabes es un insulto terrible rechazar la comida cuando se la ofrecen. No importa si acaba de disfrutar de una comida abundante, no se aceptarán excusas.

Un misionero fue celebrado con un cerdo asado cuando llegó a su nueva comunidad en África Central. Era una de esas ocasiones en las que se asa el cerdo entero, como en un "luau hawaiano". ¡Mmmmm!... Ese cerdo asado olía genial. Cuando sus anfitriones sonrieron y le explicaron que le traían algo muy especial, casi se desmaya cuando lo honraron con una fuente colmada de... ¡intestinos de cerdo! Moraleja: El tesoro de un país es la basura de otro.

Por cierto, otro hombre que estaba en un viaje misionero a Mozambique, dijo que sus anfitriones le preguntaron si los estadounidenses comían ratones. Cuando respondió que no, el anfitrión respondió: "Oh, deberías probarlos. Son deliciosos..."

Antes de dejar este tema atrás, quiero mencionar que no es necesario salir de Estados Unidos para sentirse como un exiliado. Hay tantos dialectos, costumbres y formas de expresar las cosas diferentes, que podría resultar difícil para una persona de Nueva Inglaterra, por ejemplo, entender lo que dice alguien del Sur profundo. Somos muy diferentes; pero si somos creyentes, todos somos uno en Cristo: el trabajador de la construcción en Nueva York es uno con el profesor en Louisiana; el profesor en Louisiana es uno con el surfista en el sur de California; y el surfista en California es uno con la enfermera en el Bronx. ¡Hay tantas diferencias entre nosotros, pero somos uno en Jesús!

Como explica el apóstol Pablo: *"Porque así como el cuerpo es uno, y tiene muchos miembros, pero todos los miembros del cuerpo, siendo muchos, son un solo cuerpo, así también Cristo. 13 Porque por un solo Espíritu fuimos todos bautizados en un cuerpo, sean judíos o griegos, sean esclavos o libres; y a todos se nos dio a beber de un mismo Espíritu"* (1 Corintios 12:12-13) e insiste: *"Ya no hay judío ni griego; no hay esclavo ni libre; no hay varón ni mujer; porque todos vosotros sois uno en Cristo Jesús"* Gálatas 3:28).

No cabe duda de que hubo muchas diferencias entre los exiliados que regresaron a Jerusalén bajo el liderazgo de Esdras. Algunos eran jóvenes de rostro fresco, mientras que otros eran ancianos barbudos cuyos rostros arrugados hablaban de sus largas vidas. Algunos habían amasado grandes fortunas en Babilonia, mientras que otros apenas se las arreglaban. Había diferencias en nivel educativo, estado civil, etc. No eran en absoluto iguales, pero se unieron como uno solo para reconstruir su hogar ancestral, a pesar de los desafíos y obstáculos que enfrentaron.

Como dije, todos somos exiliados y todos somos diferentes. Pero emulemos a los exiliados de hace mucho tiempo, y trabajemos juntos para construir el reino de Dios.

La historia de Esdras es realmente asombrosa. No encuentro, a lo largo de la existencia de este mundo, ningún otro ejemplo en el que un rey conquistador alentara y permitiera que miles de personas, alguna vez consideradas enemigas, reconstruyeran su Nación vencida. Desde un punto de vista puramente político no tiene sentido. ¿Por qué permitir que su enemigo recupere el poder y reavive un sentimiento de nacionalismo y patriotismo en su imperio?

Jerusalén fue reconstruida por la misma razón por la que fue destruida: porque Dios así lo quiso. Ningún rey u otro gobernante en la tierra podrá jamás oponerse a Dios, o disminuir el poder de Su Palabra.

Lo anterior me hace pensar en la condición de la Iglesia cristiana en Rusia y Europa del Este. Durante unos 70 años bajo el régimen comunista, los cristianos fueron perseguidos por su fe. A la gente no se le permitía poseer una Biblia. Hablarle a alguien acerca de Cristo era un delito grave. Algunas iglesias estaban cerradas con candados; otras fueron utilizados como museos. Muchos cristianos fueron golpeados, encarcelados e incluso ejecutados por su fe. La religión cristiana fue ridiculizada en las escuelas. A los niños se les decía que la esperanza para el futuro se encontraba en los logros de los trabajadores, científicos y soldados soviéticos; no en creer en "antiguas supersticiones".

Los líderes comunistas predijeron una y otra vez que el cristianismo estaría completamente muerto en unos pocos años. Entonces… ¿qué pasó? El comunismo ha mermado, pero la Iglesia es más fuerte que nunca. Tan pronto como el régimen comunista fue derrocado en Europa, las iglesias se llenaron de fieles extasiados de que ahora eran libres de adorar abiertamente a Dios, y compartir su fe. Miles de no creyentes también acudieron a la Iglesia (algunos por primera vez en sus vidas) porque querían aprender acerca de Jesús.

¡Setenta años bajo el comunismo! ¡Setenta años de exilio en Babilonia!... En ambas situaciones, Satanás probablemente pensó que estaba ganando la batalla por las mentes y las almas de los hombres; pero, como lo verificó… nada puede detener el Reino de Dios mientras marcha contra las puertas del infierno.

Hijos de Dios sin hogar

A lo largo de los años me he topado en la calle con personas sin hogar, y les he pedido que me compartieran sus historias. Algunos obviamente padecen enfermedades mentales, y necesitan estar en un refugio donde alguien pueda cuidar de ellos. Pero otros parecen brillantes y elocuentes. Alguna vez tuvieron vidas sólidas y productivas; trabajaban, pagaban sus cuentas y eran miembros contribuyentes de la sociedad. A menudo me dicen que alguna vez participaron activamente en una comunidad cristiana. ¡Qué trágico que muchos de los que hoy cantan en las calles, cantaran alguna vez en el altar en honor de Dios. Estos, que una vez tuvieron dones maravillosos que usaron para la gloria de Dios y la edificación de Su reino, en algún momento de su viaje se perdieron, y se alejaron de la luz hacia la oscuridad.

Nunca es demasiado tarde para volver a casa con Dios. Pero, lamentablemente, algunos nunca toman la decisión de regresar al Pastor fiel que los ama tanto, que estuvo dispuesto a dar Su vida por ellos.

Alguien me envió un artículo del New York Times, sobre un hombre prominente que se perdió en las calles de Bend, Oregón, una próspera comunidad de aproximadamente 100,000 habitantes. Su nombre era Craig Coyner y una vez fue Alcalde de Bend; también fue un abogado poderoso, que luchó por los derechos de las personas atrapadas en una pobreza desesperada. Este hombre tenía esposa y dos hijos, y era dueño de su propia casa. Pero, lentamente al principio, y mucho más rápidamente después, su vida empezó a desmoronarse. Su matrimonio se rompió y, cuando su ex-esposa se volvió a casar, perdió el contacto con sus hijas. Sufría una enfermedad mental no tratada, y él disimulaba su dolor con alcohol, lo que lo llevó a una oscuridad más profunda. Incluso en tal condición, solía pasar tiempo en el Centro Comunitario de Bend, ayudando a servir comidas a personas que tenían mala suerte.

El periodista Mike Baker escribió: "El otoño pasado, cuando las temperaturas nocturnas caían por debajo de los 20 grados, Frankie Smalley, un amigo sin hogar caminó por la ciudad para localizar al Sr. Coyner. Luego se encontró con una tienda de campaña amarilla cerca de Walmart. 'Hola Craig, estás ahí', gritó. Oyó una voz en el interior y abrió la puerta de la tienda. Un olor acre a orina y heces llenó el aire. En el interior, los zapatos del señor Coyner estaban empapados y sus pies estaban tan congelados que cojeaba de dolor cuando intentaba levantarse. Terminó en el hospital, donde lo trataron por congelación, pero pronto lo dieron de alta al nuevo refugio de baja barrera de la ciudad. Tenía espacio para 100 personas, pero a menudo había muchas más durmiendo allí. La congelación había dañado tanto los dedos de los pies del señor Coyner que tuvo que volver al hospital a finales de Enero para una amputación. Hubo complicaciones. Después de la cirugía, sufrió un derrame cerebral que lo dejó sin poder hablar. El 14 de febrero, Día de San Valentín, falleció el ex-alcalde de Bend, Craig Coyner".

Esta es una historia trágica que se repite a menudo en ciudades de todo los Estados Unidos. Sin embargo, creo que Dios no quiere que nadie se pierda ni se sienta solitario viviendo en medio de la bulliciosa ciudad. Él anhela que cada hombre, mujer y niño herido regrese a casa con Él.

¡Señor, Dios, necesitamos desesperadamente un avivamiento!... La palabra "avivamiento" se escucha con frecuencia en la Iglesia, pero se ha reducido a manifestaciones del Espíritu Santo, o a la visibilidad de ciertos dones. El verdadero avivamiento al que se hace referencia en el libro de Esdras es el avivamiento del corazón de los hijos de Dios. Ese avivamiento se refleja en el verdadero arrepentimiento, la conversión de los santos, las visitas a los encarcelados y la atención a nuestros mayores. Todo esto es también un signo de avivamiento. La necesidad nos rodea por todas partes, y aquellos llamados a reconstruir deben cubrirla.

La mayor evidencia que demuestra que no hemos respondido al llamado de Dios, es la falta de valentía necesaria para enfrentar las cosas que están sucediendo dentro de la Iglesia, y en todo el mundo. No sólo somos indiferentes, sino que también nos hemos acostumbrado tanto a estas cosas, que ya no nos afectan. Creo que muchos estarán de acuerdo en que hay una gran ausencia de convicción de pecado, así como una falta de temor y reverencia a Dios.

Hay muy poco asombro ante la falta de Dios en nuestra sociedad. La exposición a la pornografía se ha vuelto común. Ya no hay más desesperación por las almas perdidas que se dirigen al infierno. No hay ningún sentido de urgencia para hablar de Cristo a los demás. Hay mucha indiferencia en la enseñanza sobre lo que es infalible en la Biblia, y sobre la cantidad de tiempo que debemos dedicar a la oración con Dios. Si "la multitud de testigos" nos critica estas cosas, estamos de acuerdo con ellos en que son horribles, pero luego nos damos la vuelta, y seguimos durmiendo.

Qué viene después?

Realmente creo que el próximo evento en el calendario de Dios no es el arrebatamiento de la Iglesia, sino el avivamiento de Su pueblo antes del regreso de Cristo. El movimiento más grande del Padre en la tierra será el despertar que comenzará con la Iglesia que, a su vez, provocará que millones de personas regresen a Cristo. ¡Necesitamos volvernos a Dios!

Hace poco escuché cómo un evangelista sorprendió a la congregación a la que se dirigía, al decir en su sermón: "Puedo ver que aquí nadie cree realmente en el infierno". ¿Qué? Esta era una congregación evangélica que creía en la Biblia. Sí, creían en el infierno, en el cielo y en la salvación mediante la fe en Jesús. ¿De qué rayos está hablando? Luego pasó a explicar: "Si realmente creyeras en el infierno y pensaras que es un lugar de castigo eterno, no estarías aquí esta noche escuchándome. Estarías en las calles, agarrando a la gente por las solapas y rogándoles que aceptaran a Jesús y evitaran el dolor insoportable del infierno".

Algunas personas se sintieron ofendidas. Pero otros entendieron. El infierno es real. Sólo hay una manera de escapar de la agonía de sus llamas y es a través de la fe en Jesucristo. ¡A nuestro alrededor hay almas destinadas a las llamas, a menos que podamos convencerlas de regresar a casa, al altar de Dios!

Venciendo a los gigantes

No puedo cerrar este Capítulo sin llamar su atención sobre cómo concluye el segundo capítulo de Esdras: "*Y algunos de los jefes de casas paternas, cuando vinieron a la casa de Jehová que estaba en Jerusalén, hicieron ofrendas voluntarias para la casa de Dios, para reedificarla en su sitio. Según sus fuerzas dieron al tesorero de la obra sesenta y un mil dracmas de oro, cinco mil libras de plata, y cien túnicas sacerdotales"* (Esdras 2:68-69).

Este grupo que aceptó el llamado y obedeció la voz del Padre, había venido a reconstruir el altar en el mismo lugar donde había sido destruido. Muchas veces abandonamos situaciones, salimos de la vida de las personas, dejamos gigantes sin derribarlos, terminamos en el mismo lugar y tenemos que enfrentar lo que nunca debimos abandonar, dejar de lado, negar, o ignorar. El gigante que no derribemos volverá a perseguirnos...

A veces, para avanzar es necesario dar un paso atrás. Dios es un Dios soberano, y fácilmente podría haber ordenado que se construyera un nuevo templo y altar en cualquier lugar, pero ese no fue el caso. Dios los llevó a las ruinas, al lugar abandonado y desierto, donde probablemente lucía sucio y olvidado. En ese mismo lugar abandonado y en ruinas, se levantaría un lugar seguro, un lugar donde el Padre restauraría Su relación con Su pueblo. El lugar abandonado sería el encuentro de: 1) la verdadera libertad para recuperar la alegría; y, 2) lo arruinado, para ser restaurado.

Sin importar cuál sea su condición hoy, incluso si siente que no es digno de reclamar su llamado piadoso, Jesús le dice: *"...Al que a mí viene, no le echo fuera"* (Juan

6:37). La humanidad siempre será más severa con otras personas de lo que Dios será jamás. Por eso el rey David dijo: *"...En grande angustia estoy; caigamos ahora en mano de Jehová, porque sus misericordias son muchas, mas no caiga yo en manos de hombres"* (2 Samuel 24:14).

Si comenzamos a comprender el llamado y el camino hacia un avivamiento en el libro de Esdras, obtendremos lo que el Espíritu Santo quiere hablar a nuestro corazón.

Dios comenzó el avivamiento moviendo el corazón de un hombre impío, pero que tenía el poder de permitirle a Su pueblo regresar al lugar del que nunca deberían haber sido expulsados. Después, inclinó el corazón de Sus hijos para que ellos mismos anhelaran regresar, y recuperar una relación con Dios. Podemos ver que, aunque el llamado está disponible para todos, hay muchos que lo rechazan, en perjuicio propio.

También podemos ver que Dios desea darnos la victoria en el mismo escenario en el que fuimos derrotados. Es el deseo de mi corazón, que a medida que continúe leyendo los siguientes capítulos, el llamado de Dios a su vida se vuelva más persistente. Dios movió mi corazón a escribir este libro, que ahora se convierte en Su decreto, llamando a los lectores a reconstruir su altar. Como verán, no me refiero a una estructura física, sino a la presencia de Dios en su vida.

Lección #4 del Libro de Esdras

Imagínese cómo debió sentirse Esdras, cuando escuchó por primera vez que miles de judíos regresarían a Jerusalén, para reparar el daño que había sufrido la gran Ciudad. Ahora sabía con certeza que todo es posible para Dios. Esdras amaba apasionadamente a Jerusalén, aunque nunca había estado allí. ¿No sería maravilloso si todos los creyentes de hoy sintiéramos lo mismo acerca del Cielo? El Cielo es nuestro verdadero hogar, y nunca debemos perderlo de vista. ¿Siente nostalgia del Cielo? ¡Yo sí!... Y haré todo lo que pueda, cuando vaya, para llevar conmigo a la mayor cantidad posible de personas.

PREGUNTAS PARA LA REFLEXIÓN ESPIRITUAL

1. ¿Ha comprendido el llamado sobre su vida, a colaborar con el Reino a favor de los hijos de Dios?

____

____

____

2. ¿Ha meditado sobre quiénes, a su alrededor, hoy necesitan conocer a Dios o reconciliar su vida con Él?

____

____

____

3. ¿Tiene algún talento o don de Dios que ha dejado de utilizar? ¿Qué hará para revitalizar el uso de este precioso don?

____

____

4. ¿Quién pasa a su lado todos los días? ¿Le inspiran y motivan a acercarse a Dios?

____

____

____

5

RESTAURANDO LAS RUINAS

"Entonces se levantaron Jesúa hijo de Josadac y sus hermanos los sacerdotes, y Zorobabel hijo de Salatiel y sus hermanos, y edificaron el altar del Dios de Israel, para ofrecer sobre él holocaustos, como está escrito en la ley de Moisés varón de Dios".
(Esdras 3:2).

CUANDO DIOS LLAMÓ A LOS ISRAELITAS A regresar a Judá desde Babilonia, ellos no iban a "regresar a casa", lejos de donde estaban. Generaciones enteras habían crecido en el exilio. No habían pasado ni un solo momento de sus vidas en "la Tierra Prometida". Judá tenía un lugar importante en sus corazones sólo porque era la tierra cuyos abuelos y bisabuelos alguna vez llamaron hogar; pero para ellos era más una fantasía que una realidad tangible.

Piense en lo que sería si a todas las personas que vinieron a Estados Unidos desde otros países se les dijera de repente que pueden regresar a "casa". ¿Cuántos de ellos querrían ir? Muy pocos, me imagino. Aunque están orgullosos de su herencia como mexicanos, haitianos, europeos, africanos, asiáticos, etc., se consideran Estadounidenses, ante todo.

Sí, fue un desafío para los judíos de Babilonia aceptar renunciar a todo lo que poseían, y avanzar hacia lo desconocido. Se necesitó valentía para dejar de lado el miedo y la incertidumbre, empacar sus pertenencias y mudarse a un país que muchos ni siquiera habían visto antes. Echemos un vistazo más de cerca a algunos de los desafíos que tuvieron que enfrentar:

En primer lugar, la tierra que tuvieron que cruzar para regresar a Judá estaba llena de peligros. Gran parte era desierto, lo que significaba que el agua era escasa y las temperaturas podían alcanzar más de 100 grados a mitad del día. En aquella época también había muchos animales salvajes en Oriente Medio: leones, chacales y serpientes venenosas de todo tipo. Otra amenaza grave provenía de bandas de ladrones que no tenían ningún respeto por la vida humana.

La Biblia dice que a Esdras y al pueblo que lo acompañaba les tomó cuatro meses hacer el viaje de Babilonia a Jerusalén. El trayecto fue difícil, y podría haber resultado mortal para niños pequeños y ancianos. Pero Esdras escribe: *"Y partimos del río Ahava el doce del mes primero, para ir a Jerusalén; y la mano de nuestro Dios estaba sobre nosotros, y nos libró de mano del enemigo y del acechador en el camino"* (Esdras 8:31).

Sería correcto decir que muchos de los hijos de Israel arriesgaron sus vidas al obedecer el llamado de Dios de regresar a "casa". Pero incluso por caminos peligrosos y desconocidos, Jehová estuvo con ellos. Ninguno de ellos resultó dañado porque cuando caminamos en obediencia, la protección de Dios está sobre nosotros. Como David escribió en el Salmo 23:4: *"Aunque ande en valle de sombra de muerte, no temeré mal alguno, porque tú estarás conmigo; tu vara y tu cayado me infundirán aliento"*.

La Biblia nos dice que Dios siempre está listo para recibir al pecador que regresa al redil. Él es el Buen Pastor que está dispuesto a sacrificar su vida para rescatar a sus ovejas del peligro. En su parábola del hijo pródigo, Jesús pinta un cuadro de Dios corriendo al encuentro del que regresa a casa, de una vida de pecado y libertinaje… "Y levantándose, vino a su padre. Y cuando aún estaba lejos, lo vio su padre, y fue movido a misericordia, y corrió, y se echó sobre su cuello, y le besó. Y el hijo le dijo: Padre, he pecado contra el cielo y contra ti, y ya no soy digno de ser llamado tu hijo. Pero el padre dijo a sus siervos: Sacad el mejor vestido, y vestidle; y poned un anillo en su mano, y calzado en sus pies. Y traed el becerro gordo y matadlo, y comamos y hagamos fiesta; porque este mi hijo muerto era, y ha revivido; se había perdido, y es hallado. Y comenzaron a regocijarse" (Lucas 15: 20-24).

Si bien es así, también es cierto que cuando un hijo de Dios decide volver al Padre, el camino no siempre será fácil. Quienes todavía están atrapados en una vida de pecado, y sienten que su antiguo "compañero en el crimen" les está dando la espalda, hacen todo lo posible para que "su viejo amigo" se reúna con ellos en la bebida, drogas, perversión sexual o cualquier cosa que los tenga atados. Satanás también está allí, susurrándoles al oído: "¿No recuerdas lo bien que nos divertimos?"

Sin embargo, nada se puede comparar con el gozo de saber que se está caminando en obediencia, y que se tiene el favor de Dios.

La Biblia a menudo habla de la cobertura de Dios sobre nosotros. Isaías 54:15 dice: *"Si alguno conspirare contra ti, lo hará sin mí; el que contra ti conspirare, delante de ti caerá.".* Además, Deuteronomio 28:7 afirma: *"Jehová derrotará a tus enemigos que se levantaren contra ti; por un camino saldrán contra ti, y por siete caminos huirán de delante de ti".* El Señor vencerá a nuestros enemigos cuando nos ataquen. ¡Nos atacarán desde una dirección, pero se dispersarán en siete! Dios ha prometido dar protección a sus hijos. Dicho ésto, el miedo no debe impediros aceptar el llamado de Dios, ni haceros detener las obras que deben realizarse.

Así como Dios protegió a todos aquellos que hicieron el viaje de regreso a Judá, para ayudar a reconstruir el Templo, Él le protegerá del peligro en su propio viaje de regreso a Él. Incluso si está caminando hacia lo desconocido, hacia un lugar en el que nunca ha estado antes, sin importar la incertidumbre, si está respondiendo al llamado de Dios, Él le protegerá.

Los hijos de Dios finalmente llegaron a Jerusalén, en el territorio de Judá, y se establecieron allí. Es entonces cuando comienza la fase más hermosa del libro de Esdras: la reconstrucción de la casa de Dios.

El Espíritu Santo nombró líderes entre los hijos de Dios para que fueran guiados durante todo el proceso. Dios siempre está buscando aquellos que puedan guiar a su pueblo. Esta es una de las graves necesidades que muchas iglesias enfrentan hoy: la falta de liderazgo. Por eso los primeros corazones que el Señor está conmoviendo son los corazones de los líderes designados para este tiempo.

En 2018 iniciamos un proyecto de construcción en la iglesia que dirigíamos desde hacía veinte años. Queríamos reconstruir el altar del Templo y recuerdo vívidamente la cantidad de sacrificio que se requirió. A menudo, antes de poder reconstruir, hay que derribar. En otras palabras, antes de levantar un nuevo altar, es necesario demoler las fortalezas que tenemos en nuestra vida. El apóstol Pablo dice en 2 Corintios 10:4 - 5 *"porque las armas de nuestra milicia no son carnales, sino poderosas en Dios para la destrucción de fortalezas".* El llamado al altar es un llamado a usar aquellos dones que pueden "destruir todo obstáculo orgulloso que impida que la gente conozca a Dios. Capturamos sus pensamientos rebeldes y les enseñamos a obedecer a Cristo"

El proceso que iniciaron los hijos de Dios tuvo un doble propósito: 1) reconstruir el Templo que había sido destruido y 2) recordar las circunstancias de hechos pasados. Necesitaban conocer su verdadera historia, su verdadera causa y por qué sus padres terminaron pasando setenta años en cautiverio. Cuando comenzamos a revivir el propósito de Dios en nuestras vidas, algunas cosas se harán en nuestra experiencia terrenal, y otras en el ámbito espiritual.

La gente que empezó la obra en Jerusalén estaba asustada. Tenían miedo del pueblo hostil que los rodeaba, gente que no tenía ningún deseo de ver a la nación judía resurgir de las cenizas. Aun así, no permitieron que el miedo les impidiera hacer lo que Dios les había dicho que hicieran. Estaban decididos a seguir la Palabra del Señor sin importar nada. Esta es precisamente la determinación que debemos tener cuando decidimos restaurar nuestra relación con el Señor.

Casi siempre es cierto que las primeras personas que se convierten en obstáculos para cuando intentamos acercarnos a Dios, son los amigos y familiares más cercanos.

Es posible que algunas de estas personas recurran a la manipulación, con argumentos mentirosos. Cuando ven que de repente quiere estar en la iglesia desde que se abren las puertas, que de repente se preocupa por la obra del Señor en todo el mundo y quiere dar generosamente para sostener el Reino, esas personas ya no querrán seguir adelante. Estaban usando su "mal" comportamiento de antes, como excusa, aunque ni siquiera lo sabían. No digo que la situación que acabo de describir sea siempre así. La mayoría de las familias cristianas se llenan de alegría cuando su ser querido descarriado regresa al altar. Pero he visto lo suficiente para saber que no siempre es así.

De hecho, me pregunto si algunos de los amigos de Esdras podrían haberle estado susurrándole al oído: "¿Qué estás pensando, hermano? No quieras volver a Jerusalén. He oído que el lugar es un desastre. No tienen todas las comodidades modernas que tenemos aquí en Babilonia. Y, además, hay muchos tipos desagradables merodeando por allí.

No sé si alguien le habló así a Esdras, pero no me sorprendería. Y hay que reconocer que, si lo hicieron, no los escuchó. Tampoco debemos escuchar a quienes esgrimen razones para que no nos acerquemos demasiado a Dios.

Un detalle muy importante que observamos durante esta fase de la reconstrucción del Templo, es que los judíos habían vuelto a ofrecer sacrificios, y a celebrar las ceremonias tradicionales que habían sido establecidas por Dios.

No se subestime

Con demasiada frecuencia, cuando recibimos un llamado piadoso, minimizamos nuestra capacidad y nos subestimamos. No me malinterprete. Por supuesto, hay cosas que debemos organizar y modificar cuando servimos al Señor, pero a menudo tendemos a exagerar con las excusas. Sucedió con Moisés cuando Dios lo llamó a ser el libertador de Su pueblo. De hecho, le dio a Dios cinco razones por las que no quería responder al llamado.

Excusa número uno: *"Entonces Moisés respondió a Dios: ¿Quién soy yo para que vaya a Faraón, y saque de Egipto a los hijos de Israel?"* (Éxodo 3:11) Esta excusa se debió principalmente a que llevaba más de veinte años trabajando como pastor, y esta profesión era despreciada por los egipcios. Moisés se sintió indigno.

Excusa número dos: *"Dijo Moisés a Dios: He aquí que llego yo a los hijos de Israel, y les digo: El Dios de vuestros padres me ha enviado a vosotros. Si ellos me preguntaren: ¿Cuál es su nombre?, ¿qué les responderé?"* (Éxodo 3:13). Moisés tenía miedo de su credibilidad ante los ojos del pueblo de Israel.

Excusa número tres: *"Entonces Moisés respondió diciendo: He aquí que ellos no me creerán, ni oirán mi voz; porque dirán: No te ha aparecido Jehová."* (Éxodo 4:1). No sólo dudaba de su credibilidad, sino también de su liderazgo e influencia.

Excusa número cuatro: *"Entonces dijo Moisés a Jehová: ¡Ay, Señor! nunca he sido hombre de fácil palabra, ni antes, ni desde que tú hablas a tu siervo; porque soy tardo en el habla y torpe de lengua"* (Éxodo 4:10). Cuando Dios miró a Moisés, no vio ninguna debilidad en él que pudiera impedirle cumplir su llamado. Fue el propio Moisés quien intentó utilizar su incapacidad como excusa.

Excusa número cinco: "Y él dijo: ¡Ay, Señor! envía, te ruego, por medio del que debes enviar" (Éxodo 4:13). En otras palabras, encomiende esta tarea a la persona que realmente pueda hacer el trabajo. Muchas veces actuamos como Moisés: creemos que no podemos hacer las cosas que Dios nos ha llamado a hacer, dudamos de nuestras capacidades y de la gracia que Dios nos ha dado; nos menospreciamos, usamos nuestras debilidades contra nosotros mismos, y creemos que hay personas más capaces para hacer nuestro trabajo.

Para cada excusa que Moisés intentó usar, Dios tenía una respuesta y una solución. Dios no comete errores. Si Él ha puesto una preocupación en su corazón, es porque usted puede manejar el llamado. Se trata de ser obediente mientras camina. Se trata de adorar al Padre mientras usted sana.

Los hijos de Israel comenzaron a ofrecer sacrificios y celebrar las fiestas tradicionales, a pesar de que el Templo aún no había sido reconstruido. La salvación se concede instantáneamente cuando nos rendimos a Jesús, pero la santificación es un proceso diario hasta Su regreso. Dios nos está llamando al Altar, al lugar de Su presencia. Él está consciente de nuestros pecados, debilidades y pruebas, y todavía quiere sanarnos, restauraros y reintegrarnos.

Pedir ayuda es parte del proceso

Cuando finalmente comenzó la reconstrucción de Jerusalén, se contrataron carpinteros y canteros para ayudar en el trabajo que se estaba llevando a cabo. La tarea que tenían por delante no sería fácil. Era un proceso que llevaría tiempo y tendría que realizarse en fases.

Al construir algo por primera vez, tenemos control total de cómo se hace todo. Esto incluye los materiales utilizados y el diseño final; pero, cuando es un proyecto de remodelación, no necesariamente contamos con toda la información que desearíamos. No se conocen los materiales que se utilizaron, o es posible que no se tenga a mano el diseño original, ni la conciencia de lo que se puede rescatar de la construcción original.

Lo mismo sucede con nosotros cuando nos retiramos de la presencia de Dios. Cuando Dios nos creó por primera vez, éramos perfectos. Él sabía cómo nos crearía, los dones y talentos que nos otorgaría, y puso dentro de nosotros un propósito y un destino. Trágicamente, muchos abandonaron su propósito y destino, apagaron el fuego que ardía en el altar, y huyeron de Dios. Entonces, sienten que sus vidas han quedado reducidas a ruinas, debido a las duras pruebas que han enfrentado, y sienten que necesitan volver a empezar, pero no saben cómo encontrar un nuevo comienzo.

Empezar de nuevo no es fácil, pero si buscamos ayuda, si nos permitimos ser vulnerables y dejamos de lado nuestro orgullo, podemos hacerlo de la misma manera que lo hicieron las personas que regresaron a Judá. Sabían que necesitaban ayuda, la solicitaron y la recibieron.

Muchos hijos de Dios no reciben la sanación que necesitan, ni logran la reconciliación con el Padre, simplemente por orgullo. No se trata de ser autosuficiente. De hecho, la Palabra de Dios dice en 1 Corintios 10:12: *"Así que, el que piensa estar firme, mire que no caiga."*. Necesitamos ser lo suficientemente humildes para entender cuándo estamos equivocados; y necesitamos también que alguien camine a nuestro lado, y nos ayude a encontrar el camino de regreso a Cristo.

Dios nos construyó para que necesitemos el apoyo y la ayuda de otras personas. El corazón de su Padre se rompió cuando vio a Adán solo en el Jardín del Edén. Dijo: *"No es bueno que el hombre esté solo; le haré ayuda idónea para él"* (Génesis 2:18). Cuando leemos el relato bíblico del Gran Diluvio, encontramos que Dios salvó a una familia: Noé y su esposa, los tres hijos de Noé y sus esposas. Incluso los animales fueron salvados en parejas de machos y hembras. Parte de esto fue para asegurar la continuación de cada especie después del diluvio; pero también creo que fue un símbolo de la comprensión de Dios de que todos necesitamos la compañía y el apoyo de otros seres humanos.

Me encantan estas palabras del libro de Eclesiastés:

"Mejores son dos que uno; porque tienen mejor paga de su trabajo. ¹⁰ Porque si cayeren, el uno levantará a su compañero; pero ¡ay del solo! que cuando cayere, no habrá segundo que lo levante. ¹¹ También si dos durmieren juntos, se calentarán mutuamente; mas ¿cómo se calentará uno solo? ¹² Y si alguno prevaleciere contra uno, dos le resistirán; y cordón de tres dobleces no se rompe pronto" (Eclesiastés 4:9-12).

Si busca reconstruir su relación con Dios, es probable que necesite la ayuda de sus hermanos y hermanas en Cristo. También necesitará la comprensión y apoyo de sus familiares, sus amigos y además de los pastores, ancianos y otros líderes de su congregación. Necesitará especialmente la ayuda de personas que tengan sabiduría en las áreas de sus debilidades. Como nos dice el libro de Proverbios 15:22…_**"Los pensamientos son frustrados donde no hay consejo; mas en la multitud de consejeros se afirman"** (Proverbios 15:22).

En busca de una nueva generación

Algo hermoso sucedió durante la reconstrucción del Templo bajo el liderazgo de Zorobabel y Jesúa. Decidieron nombrar a jóvenes levitas como líderes en la reconstrucción del templo de Dios:

"En el año segundo de su venida a la casa de Dios en Jerusalén, en el mes segundo, comenzaron Zorobabel hijo de Salatiel, Jesúa hijo de Josadac y los otros sus hermanos, los sacerdotes y los levitas, y todos los que habían venido de la cautividad a Jerusalén; y pusieron a los levitas de veinte años arriba para que activasen la obra de la casa de Jehová" (Esdras 3:8).

Nunca piense que Dios no puede usarle porque es demasiado joven (o demasiado viejo, para el caso). Algunos de los levitas que estaban trabajando en la reconstrucción del templo, apenas habían pasado de la adolescencia.

Recuerde que David era sólo un niño cuando salió a luchar contra el gigante filisteo Goliat. Cuando Samuel llegó a la casa de Isaí, en Belén, para ungir al próximo rey de Israel, Isaí ni siquiera pensó en llevar a su hijo menor a ver al profeta. ¿Por qué? Nuevamente, porque David era sólo un niño. Probablemente ni siquiera se estaba afeitando todavía. Seguramente él no podía ser el que Samuel estaba buscando. Pero, adivine qué… El hombre mira el exterior de la persona, pero Dios mira el corazón.

Como Pablo le escribió a Timoteo: *"Ninguno tenga en poco tu juventud, sino sé ejemplo de los creyentes en palabra, conducta, amor, espíritu, fe y pureza"* (1 Timoteo 4:12).

A pesar de estos y otros ejemplos que a lo largo de la Biblia nos muestran que la edad realmente no le importa a Dios, la mayoría de jóvenes tienden a subestimarse, cuando se comparan con aquellos que han estado haciendo las obras de Dios por más tiempo que ellos. La verdad es que el llamado a estar en la presencia de Dios y tener una relación con Él, es para todos. Sin importar el tiempo que se haya confesado conocer al Señor, Él quiere que lleguemos al lugar seguro y secreto, a adorarlo.

Cuando miro a mi alrededor, puedo notar que Dios está levantando a una nueva generación para que se conviertan en líderes en nuestras comunidades de fe. Pero una de las debilidades que sigo viendo, es la falta de jóvenes en puestos de liderazgo, especialmente en los cinco ministerios que Jesús estableció: apóstoles, profetas, pastores, maestros y evangelistas. Necesitamos entender que Dios está llamando a todas las generaciones al altar.

¿Sabía que Billy Graham tenía apenas 28 años cuando realizó su primera cruzada, reuniendo a 6.000 personas para escuchar el Evangelio en Grand Rapids, Michigan?; Oral Roberts tenía 30 años de edad cuando comenzó su ministerio de sanación itinerante, y 45 cuando fundó la Universidad Oral Roberts; y, Joel Osteen tenía 36 años cuando se convirtió en pastor principal de la Iglesia Lakewood en Houston. Estos son sólo tres ejemplos que me vienen a la mente. Hay muchos otros que podría nombrar. Jesús mismo sólo había estado en Su cuerpo humano durante 33 años cuando fue crucificado. Su ministerio terrenal duró sólo tres años, comenzando cuando tenía sólo 30 años.

La historia de un niño llamado Josías puede encontrarla en 2 Crónicas 34:1-7 y dice así… *"De ocho años era Josías cuando comenzó a reinar, y treinta y un años reinó en Jerusalén. Este hizo lo recto ante los ojos de Jehová, y anduvo en los caminos de David su padre, sin apartarse a la derecha ni a la izquierda. A los ocho años de su reinado, siendo aún muchacho, comenzó a buscar al Dios de David su padre; y a los doce años comenzó a limpiar a Judá y a Jerusalén de los lugares altos, imágenes de Asera, esculturas, e imágenes fundidas. Y derribaron delante de él los altares de los baales, e hizo pedazos las imágenes del sol, que estaban puestas encima; despedazó también las imágenes de Asera, las esculturas y estatuas fundidas, y las desmenuzó, y esparció el polvo sobre los sepulcros de los que les habían ofrecido sacrificios. Quemó además los huesos de los sacerdotes sobre sus altares, y limpió a Judá y a Jerusalén. Lo mismo hizo en las ciudades de Manasés, Efraín, Simeón y hasta Neftalí, y en los lugares asolados alrededor. Y cuando hubo derribado los altares y las imágenes de Asera, y quebrado y desmenuzado las esculturas, y destruido todos los ídolos por toda la tierra de Israel, volvió a Jerusalén"*

¡Qué legado tan asombroso el de un joven que sólo tenía ocho años cuando ascendió al trono por primera vez!. Nunca piense que no puede servir al Señor porque es demasiado joven, o demasiado viejo. No importa quién sea. No importa su posición en la sociedad. Dios puede y le usará si se lo permite.

Desafortunadamente, muchas personas mayores se impacientan con los niños, porque nos ponen los nervios de punta, pues son muy ruidosos. Pueden derramar cosas sobre las alfombras nuevas; no siempre miran hacia dónde van, lo que puede ser realmente trágico al tropezarse con alguno cruzándose a toda carrera, mientras se sale del santuario después del servicio del domingo por la mañana. Es posible que susurren y se rían, cuando deberían estar prestando atención al sermón; y, seamos realistas, puede ser bastante difícil lidiar con la forma extraña en que se visten los adolescentes. (¿Por qué no pueden comportarse como personas normales? ¡Tal vez nos preguntamos!)

Espero que entiendan que estoy diciendo todo esto con una sonrisa, porque sé que los niños de hoy son nuestros líderes del mañana, y el mañana estará aquí antes de que nos demos cuenta. Si los jóvenes de su Congregación le ponen nervioso, lo mejor que puede hacer es orar pidiendo paciencia. Pídale al Señor que le ayude a recordar su vida cuando era joven: cuando hablaba demasiado alto, cuando no prestaba atención a dónde iba, etc. Pídale que le ayude a amar a los hombres y mujeres jóvenes de su iglesia, y a animarlos en su caminar de fe. Puede desarrollar una fe duradera en estos niños, haciéndoles saber que se preocupa por ellos y que quiere verlos bendecidos por Dios. Puede ayudarlos a pensar en la Iglesia como un lugar feliz, para que continúen asistiendo cuando sean mayores. Le garantizo que sus palabras de aliento tendrán un efecto positivo y duradero en un joven o una joven. La crítica con moderación anima generosamente: Adquiera el hábito de orar para que Dios lo use para edificar y animar en cada encuentro, y nunca para derribar o destruir.

Quizás, incluso sienta que Dios lo guía a enseñar en la Escuela dominical. En mi propia vida, recuerdo a hombres y mujeres, algunos de ellos bastante mayores, o eso pensé, que me enseñaron acerca de Jesús. Me animaron a memorizar versículos de la Biblia como Juan 3:16, el Salmo 23 y el Padre Nuestro; y, me bendijeron siempre que pudieron. Fue en gran parte gracias a su amor y bondad que pude escuchar y responder al llamado de Dios al ministerio.

Quizás nunca descubramos, hasta que lleguemos al Cielo, cuántas personas han entrado en el Reino porque tocamos el corazón de un joven con el amor de Cristo.

Mejores oportunidades

Los jóvenes que sirven al Señor, hoy tienen una mejor oportunidad de alcanzar a los demás, ya que nacieron en la era de la tecnología. El mandato de *"…Id por todo el mundo y predicad el evangelio a toda criatura"* (Marcos 16:15), es tan fácil ahora… Con hacer una transmisión en vivo en las redes sociales, en segundos, el mensaje transformador de vidas se puede escuchar en cualquier lugar del mundo. Gracias a las redes sociales, los jóvenes de hoy tienen la capacidad de comunicar su mensaje en un idioma que su generación entienda.

Siempre me sorprende cómo la gente de hoy maneja la tecnología moderna. Aquellos de nosotros que somos un poco mayores, podemos tener dificultades con algunos programas de la tecnología informática. Pero cada vez que tengo problemas, simplemente le pregunto a uno de mis hijos, y ellos me sacan de apuros. No sólo eso, sino que, a veces, después de haber luchado con algún problema durante una hora o más, ellos lo solucionan en un par de minutos. Creo que este conocimiento tecnológico es un regalo de Dios para ayudar a difundir el mensaje del amor de Cristo por todo el mundo, lo cual, según la Biblia, sucederá antes de que Él regrese.

La realidad es que la población mundial está envejeciendo, y cada año hay menos nacimientos. Nuestros jóvenes son muy importantes para los planes de Dios para los últimos días, como se describe en Hechos 2:17... *"Y en los postreros días, dice Dios, derramaré de mi Espíritu sobre toda carne, y vuestros hijos y vuestras hijas profetizarán; vuestros jóvenes verán visiones, vuestros ancianos soñarán sueños..."*.

Viviendo de glorias pasadas

Después de setenta años de cautiverio, los hijos de Dios pudieron regresar a la Tierra Prometida. No sólo vivían ya en Jerusalén, sino que también veían revivida la gloria del templo de Dios.

El tercer Capítulo del libro de Esdras narra de un logro muy especial: *"Y cuando los albañiles del templo de Jehová echaban los cimientos, pusieron a los sacerdotes vestidos de sus ropas y con trompetas, y a los levitas hijos de Asaf con címbalos, para que alabasen a Jehová, según la ordenanza de David rey de Israel. 11 Y cantaban, alabando y dando gracias a Jehová, y diciendo: Porque él es bueno, porque para siempre es su misericordia sobre Israel. Y todo el pueblo aclamaba con gran júbilo, alabando a Jehová porque se echaban los cimientos de la casa de Jehová"* (Esdras 3:10-11).

La Palabra describe una escena en la que algunos cantaban cánticos de adoración; hubo alabanzas y el pueblo de Dios gritaba que Dios era bueno. Sin embargo, mientras se celebraba esta victoria, varias personas no pudieron unirse a la celebración, porque estaban atrapadas en glorias pasadas. Esdras 3:12-13 cuenta que… *"Y muchos de los sacerdotes, de los levitas y de los jefes de casas paternas, ancianos que habían visto la casa primera, viendo echar los cimientos de esta casa, lloraban en alta voz, mientras muchos otros daban grandes gritos de alegría. 13 Y no podía distinguir el pueblo el clamor de los gritos de alegría, de la voz del lloro; porque clamaba el pueblo con gran júbilo, y se oía el ruido hasta de lejos".*

Recordar glorias pasadas, y lo que Dios ha hecho en nuestras vidas no es algo malo. Pero cuando estos recuerdos nos impiden disfrutar el momento presente, debemos evaluar dónde está nuestro corazón.

Muchas personas están atrapadas en el pasado, pensando en victorias pasadas o cavilando sobre errores o pecados que cometieron hace mucho tiempo. Si nuestros pecados han sido lavados por la sangre de Jesús, y todavía estamos cavilando sobre ellos, creo que estamos mostrando una falta de fe en la eficacia del sacrificio de Cristo por nosotros. Si Jesús nos dice que nuestros pecados han sido perdonados, entonces ¿por qué queremos aferrarnos a ellos y seguir castigándonos por cometerlos? Sí, debemos lamentarnos genuinamente por lo que hemos hecho y pedirle perdón a Dios en el nombre de Jesús. También debemos arrepentirnos de nuestros caminos pecaminosos, lo que significa que, con la ayuda de Dios, nunca volveremos a ese punto. Y una vez hecho ésto, los dejamos ir.

Las personas que viven en el pasado, a menudo quedan atrapadas en el dolor y la disfunción del ayer. Simplemente no saben cómo gestionar la felicidad y las cosas nuevas que Dios quiere darles. Dejar ir y sanar el pasado es, en parte, una de las cosas cruciales que debemos hacer cuando respondemos al llamado de Dios. Por ejemplo: muchos de los hijos de Dios se han mantenido alejados de la Iglesia, porque alguien allí los lastimó y no han sanado; algunas personas han pasado por pérdidas que les quitaron las ganas de vivir; otros han sufrido tanto en sus relaciones románticas, que han decidido cerrarse y no volver a amar nunca más. Hay innumerables ejemplos de cómo vivir en el pasado le impedirá disfrutar del presente, y le quitará la esperanza y las expectativas para el futuro.

Estar en el altar de Dios significa estar en Su presencia. Es en Su presencia que todas las heridas del alma sanan. Aquí es donde podrá encontrar la paz que su corazón busca. Responder al llamado de Dios implica ir al lugar de las ruinas, entregarle sus pérdidas a Dios, y permitirle que Él le reconstruya y restaure, para que pueda descubrir que su mayor gloria no está en su pasado, sino en su futuro. Al respecto, Pablo escribió en Filipenses 3:12… *"No que lo haya alcanzado ya, ni que ya sea perfecto; sino que prosigo, por ver si logro asir aquello para lo cual fui también asido por Cristo Jesús"*.

Si por alguna razón no ha avanzado en su caminar cristiano, debe evaluar su vida para ver si se ha quedado atrapado en glorias pasadas que le impiden avanzar. Debe convertirte en el sacrificio vivo sobre el altar, y permitir que Dios le consuma. Dios desea restaurarle y darle gozo y felicidad, pero es importante que responda al llamado, y acuda al Altar.

Lección #5 del Libro de Esdras

A 70 largos años de su partida, regresando, el pueblo judío comenzó una vez más a hacer sacrificios en el altar recién reconstruido en Jerusalén. ¡Podemos imaginarnos su alegría cuando el nuevo templo se levantó ante ellos!!!. Finalmente, el pueblo encontró nuevamente su propósito espiritual... ¿Ha sentido haber perdido algo desde que aceptó a Cristo por primera vez y recibió el don del Espíritu Santo? Si es así, es hora de regresar a la cruz, y pedirle que reavive en usted el fuego de la fe. Revisemos lo que Jesús le dijo a la iglesia de Esmirna: *"Pero tengo contra ti, que has dejado tu primer amor. Recuerda, por tanto, de dónde has caído, y arrepiéntete, y haz las primeras obras; pues si no, vendré pronto a ti, y quitaré tu candelero de su lugar, si no te hubieres arrepentido"* (Apocalipsis 2:4-5).

PREGUNTAS PARA LA REFLEXIÓN ESPIRITUAL

1. ¿Hay áreas de su vida espiritual que necesitan ser restauradas? ¿Puede usted nombrarlas?

____

____

____

2. ¿Cómo describiría el proceso de restauración en su vida?

____

____

____

3. ¿Qué ha debido dejar ir, para entrar al proceso de Dios?

____

____

____

4. Sabemos que la salvación es instantánea, pero la santificación es un proceso diario. ¿Cómo se ve este proceso en tu vida?

____

____

____

5. ¿Cuántas veces usted mismo se ha impedido avanzar en su caminar con Jesús porque está detenido por las heridas o los pecados, o las gloria del pasado?

____

____

____

6

SUPERANDO OBSTÁCULOS Y GANANDO BATALLAS

"Oyendo los enemigos de Judá y de Benjamín que los venidos de la cautividad edificaban el templo de Jehová Dios de Israel, ² vinieron a Zorobabel y a los jefes de casas paternas, y les dijeron: Edificaremos con vosotros, porque como vosotros buscamos a vuestro Dios, y a él ofrecemos sacrificios desde los días de Esar-hadón rey de Asiria, que nos hizo venir aquí". (Esdras 4:1-2)

EN TODA GUERRA HAY DOS BANDOS. EN EL MUNDO espiritual, es lo mismo. Por un lado, tienes a Dios Padre, que siempre busca tener una relación con la humanidad, y por el otro, tienes a Satanás que está decidido a hacer todo lo posible para alterar la relación entre Dios y los seres que Él creó. Siempre que exista un propósito, siempre habrá oposición, y los hijos de Israel no estuvieron exentos de aquello. Cuando leemos el Capítulo 4 de Esdras, podemos ver la gran oposición que enfrentaron mientras intentaban reconstruir el Templo que había sido el faro de luz durante cientos de años.

El pueblo de Dios siempre ha tenido enemigos. A lo largo de su historia, naciones enteras se han levantado en su contra, una y otra vez; sin embargo, Dios siempre lo ha sacado adelante. Basta con mirar la oposición que Jesús experimentó en su ministerio, mientras se preparaba para cumplir su propósito que era redimir a toda la humanidad. Aunque no había hecho nada malo, fue azotado y golpeado casi hasta la muerte, y luego asesinado clavándolo en una cruz de madera.

Incluso Jesús fue tentado

Cuando Jesús estaba en el desierto, después de Su bautismo, justo para iniciar Su Ministerio, el diablo hizo todo lo posible para impedirle cumplir la misión que Su Padre Celestial le había encomendado. Por esta razón, no debería sorprendernos leer que no todos estaban contentos de ver al pueblo judío de regreso en la tierra de sus antepasados.

Lo mismo ocurre en nuestras vidas: cada vez que tomamos la decisión de regresar a Dios, arreglar nuestras vidas y seguir el camino correcto, Satanás se interpone gritando: "¡Oh, no, no lo hagas!". Pero el diablo no es el único que intenta detenernos. Miremos lo que pasó con Esdras y los demás que regresaron de Babilonia:

> *"Oyendo los enemigos de Judá y de Benjamín que los venidos de la cautividad edificaban el templo de Jehová Dios de Israel, vinieron a Zorobabel y a los jefes de casas paternas, y les dijeron: Edificaremos con vosotros, porque como vosotros buscamos a vuestro Dios, y a él ofrecemos sacrificios desde los días de Esar-hadón rey de Asiria, que nos hizo venir aquí. Zorobabel, Jesúa, y los demás jefes de casas paternas de Israel dijeron: No nos conviene edificar con vosotros casa a nuestro Dios, sino que nosotros solos la edificaremos a Jehová Dios de Israel, como nos mandó el rey Ciro, rey de Persia. Pero el pueblo de la tierra intimidó al pueblo de Judá, y lo atemorizó para que no edificara. Sobornaron además contra ellos a los consejeros para frustrar sus propósitos, todo el tiempo de Ciro rey de Persia y hasta el reinado de Darío rey de Persia"* (Esdras 4:1-5).

Aquí hay varios detalles importantes que debemos considerar con respecto a la primera oposición: El ataque y la ira provinieron de personas que se presentaban como creyentes y seguidores del Dios verdadero. A veces, el primer ataque que recibiremos vendrá de personas que confiesan tener el amor de Dios en su corazón, pero sus frutos y acciones dan testimonio de algo completamente diferente.

Como mencioné anteriormente, cuando decidimos entregar nuestra vida a Cristo, aquellos que están más cerca de nosotros a menudo serán los primeros en criticarnos. Esto generalmente sucede, porque son los más cercanos a nosotros y, por lo tanto, conocen bien nuestras debilidades. El enemigo sabe que la oposición de personas que no son queridas y cercanas a nuestro corazón, no tiene el mismo efecto que la crítica de aquellos que están cerca de nosotros.

Inicialmente, estos objetores querían participar en la reconstrucción del Templo. Sintieron que, debido a que habían estado en el territorio durante tanto tiempo, tenían derecho a participar en una tarea tan importante. De hecho, resaltaron el hecho de que habían estado sacrificando ofrendas al Dios de Israel, desde el momento en que se establecieron allí y hasta el momento en que regresaron estos exiliados. Entonces, cuando no fueron incluidos, fueron los primeros en oponerse a todo el proyecto.

Esta parte de la historia no fue colocada en el libro de Esdras por casualidad. Más bien, está aquí para recordarnos que Dios siempre sabe quiénes son nuestros enemigos, y también conoce las tácticas que usarán para hacernos caer. ¡Dios nunca es tomado por sorpresa!

Quizás esté pasando por algo similar, al intentar levantarse del lugar donde le hizo caer el enemigo. Podría ser que algunos de sus compañeros creyentes se hayan unido con personas con autoridad, para atacarle. En el caso que nos ocupa, quienes se oponían a la obra de los exiliados, finalmente lograron su objetivo al escribir una carta al rey Artajerjes, alegando que una Jerusalén reconstruida podría conducir a una rebelión contra él. La Biblia dice que el rey respondió así:

"La carta que nos enviasteis fue leída claramente delante de mí. Y por mí fue dada orden y buscaron; y hallaron que aquella ciudad de tiempo antiguo se levanta contra los reyes y se rebela, y se forma en ella sedición; y que hubo en Jerusalén reyes fuertes que dominaron en todo lo que hay más allá del río, y que se les pagaba tributo, impuesto y rentas. Ahora, pues, dad orden que cesen aquellos hombres, y no sea esa ciudad reedificada hasta que por mí sea dada nueva orden. Y mirad que no seáis negligentes en esto; ¿por qué habrá de crecer el daño en perjuicio de los reyes?" (Esdras 4:18-22)

La Biblia continua diciendo:

"Entonces, cuando la copia de la carta del rey Artajerjes fue leída delante de Rehum, y de Simsai secretario y sus compañeros, fueron

apresuradamente a Jerusalén a los judíos,
y les hicieron cesar con poder y violencia"
(Esdras 4:23).

Durante más de dos años, los israelitas habían permanecido sin cumplir la tarea que Dios les había encomendado. He visto situaciones similares en nuestros días, cuando la gente se ve frenada por las críticas y los desafíos de otros "creyentes". Algunos han abandonado la comunidad de fe; otros se han alejado del ministerio; y algunos, han cortado toda comunicación con Dios. Las razones son muchas. Cada persona tiene su propio "por qué". Cuando hable con ellos, descubrirá que pueden explicar y justificar sus motivos; pero, aunque sus razones puedan ser válidas (y nadie minimice lo que están pasando), no es la voluntad de Dios que nadie permanezca atrapado en cautiverio. Estamos llamados a reavivar las obras de Dios en nuestras vidas: a reparar y reconstruir Su altar dentro de nosotros. Entiendan que no me refiero a una estructura física, sino a la transformación de nuestro corazón y mente para vivir una vida de obediencia al Padre.

¿Alguna vez ha detenido la obra de Dios en su vida debido al miedo, la opresión o las presiones internas y externas? ¿Ha disminuido el fuego del altar que ardía en su corazón, permitiendo que se desmorone una relación cercana con el Señor? En tiempos tan desesperados, Dios nos enviará hombres y mujeres piadosos para hablar en nombre del Rey, y recordarnos que las obras que Él ha ordenado, deben continuar. Dios ha prometido estar con nosotros hasta el final, y siempre cumple sus promesas.

> Pero como escribe Pablo en 2 Corintios 6:14-18… *"No os unáis en yugo desigual con los incrédulos; porque ¿qué compañerismo tiene la justicia con la injusticia? ¿Y qué comunión la luz con las tinieblas?* [15] *¿Y qué concordia Cristo con Belial? ¿O qué parte el creyente con el incrédulo?* [16] *¿Y qué acuerdo hay entre el templo de Dios y los ídolos? Porque vosotros sois el templo del Dios viviente, como Dios dijo:*
>
> *Habitaré y andaré entre ellos,*
> *Y seré su Dios,*
> *Y ellos serán mi pueblo.*
>
> *Por lo cual,*
> *Salid de en medio de ellos, y apartaos, dice el Señor,*
> *Y no toquéis lo inmundo;*
> *Y yo os recibiré,*
> *Y seré para vosotros por Padre,*
> *Y vosotros me seréis hijos e hijas, dice el Señor Todopoderoso".*

Dios ha prometido estar con nosotros hasta el final, y siempre cumple sus promesas.

En la carta a la iglesia de Éfeso, registrada en el Capítulo 2 del Apocalipsis, Jesús alaba a los efesios diciendo: *"Yo conozco tus obras, y tu arduo trabajo y paciencia; y que no puedes soportar a los malos, y has probado a los que se dicen ser apóstoles, y no lo son, y los has hallado mentirosos"* (Apocalipsis 2:2).

Luego, a la Iglesia de Esmirna le escribe: *"Yo conozco tus obras, y tu tribulación, y tu pobreza (pero tú eres rico), y la blasfemia de los que se dicen ser judíos, y no lo son, sino sinagoga de Satanás"* (Apocalipsis 2:9).

En ambos casos, la gente buscaba sembrar discordia entre los hermanos, al afirmar ser lo que no eran. En el primer momento afirmaron ser apóstoles; en el segundo caso, afirmaron ser judíos fieles, aunque se habían apartado de Dios. De la misma manera, hoy en día hay impostores y farsantes entre nosotros, y no podemos permitir que nos hagan apartar la vista de la tarea que Dios nos ha encomendado. Como dice Jesús en Mateo 7:15-19… *"Guardaos de los falsos profetas, que vienen a vosotros con vestidos de ovejas, pero por dentro son lobos rapaces. Por sus frutos los conoceréis. ¿Acaso se recogen uvas de los espinos, o higos de los abrojos? Así, todo buen árbol da buenos frutos, pero el árbol malo da frutos malos. No puede el buen árbol dar malos frutos, ni el árbol malo dar frutos buenos. Todo árbol que no da buen fruto, es cortado y echado en el fuego".*

Por favor, no estoy sugiriendo que debemos convertirnos en vigilantes, queriendo comprobar constantemente que todos los demás creen las mismas cosas que nosotros, y buscando tomar medidas contra ellos cuando nos parece que no. Hay cosas esenciales, por supuesto, como creer que Jesús es el Hijo de Dios que murió por nuestros pecados; pero hay áreas en las que podemos no estar de acuerdo, como "cuándo tendrá lugar el Rapto".

Y quizás haya oído decir que una iglesia es un hospital para pecadores, no un museo para santos. Cierto, somos imperfectos y estamos obligados a tener nuestras diferencias; pero cuando vemos a algunos que constantemente están generando discordia, o que están difundiendo ideas que alejarán a la gente de las sanas doctrinas que se encuentran en el Nuevo Testamento, entonces debemos actuar.

Las iglesias están cerrando

Según una organización llamada Lifeway Research, más de 4.500 iglesias protestantes en todo los Estados Unidos cerraron sus puertas en 2019[10] que es el último año del que hay estadísticas completas disponibles. Se estima que ese mismo año, unas 3.000 iglesias abrieron sus puertas por primera vez. Haga los cálculos y verá que esto lleva a una pérdida neta de 1.500 iglesias en un año. He escuchado muchos informes de iglesias que estaban procurando mantener sus puertas abiertas, después de que las luchas por la doctrina provocaron divisiones, o

---

[10] Research https://www.lifeway.com/ "When One Church Door Closes, June 11, 2021

una disminución dramática de la membresía. Para mí está claro que la mayoría, si no todas estas peleas sobre la doctrina, fueron provocadas por Satanás, a quien le encanta que las iglesias cierren. (Por supuesto, Satanás utiliza a los seres humanos para llevar a cabo sus planes).

¿Cómo podemos cambiar esta triste situación, y seguir haciendo crecer la iglesia como Cristo manda?: 1) Podemos seguir el consejo de San Agustín y "practicar la unidad en lo esencial, la libertad en lo no esencial, y el amor en todo"; 2) Cuando vemos personas en la iglesia que son discutidoras y divisivas, debemos tomar medidas contra ellas, en amor; 3) Cuando se enseña o se difunde de cualquier manera una doctrina falsa, debemos oponernos a ella; y, 4) No debemos unirnos en yugo desigual con los incrédulos.

Lección #6 del Libro de Esdras

"No se acaba hasta que se acaba". Ese dicho se atribuye al fallecido receptor de los Yankees, Yogi Berra. Lo dijo un año en el que los Yankees estaban "irremediablemente" detrás en la carrera por el banderín de la Liga Americana. Y adivine qué paso… Los Yankees regresaron y ganaron todo.

Todo cristiano debe recordar que todo no termina hasta que termina. Servimos a un Dios que se deleita en arrebatar la victoria de las fauces de la derrota. Eso es algo que Esdras descubrió, después de que los oponentes de los judíos convencieran al rey Artajerjes de que la reconstrucción de Jerusalén debía detenerse. La situación parecía desesperada, pero no para Dios. Artajerjes murió. Darío subió al trono y ordenó que la obra siguiera adelante. Lo que parecía el final fue sólo una pausa temporal. Recuerde siempre que no terminará hasta que Dios diga que se acabó.

PREGUNTAS PARA LA REFLEXIÓN ESPIRITUAL

1. ¿Enfrentó oposición cuando decidió entregar su vida a Cristo? Explique cómo.

2. ¿Alguna parte de esa oposición provino de fuentes inesperadas? Explique su respuesta.

3. Nombre el enemigo o enemigos que le han dado sus batallas espirituales más duras.

4. Cuente un momento de su vida en el que sus opresores le impidieron seguir adelante.

____

____

____

5. ¿Qué tácticas utiliza para vencer a sus enemigos? (Por ejemplo: Oración, Palabra, Alabanza, etc.)

____

____

____

7

POR MI ESPÍRITU DICE EL SEÑOR

"Profetizaron Hageo y Zacarías hijo de Iddo, ambos profetas, a los judíos que estaban en Judá y en Jerusalén en el nombre del Dios de Israel quien estaba sobre ellos. Entonces se levantaron Zorobabel hijo de Salatiel y Jesúa hijo de Josadac, y comenzaron a reedificar la casa de Dios que estaba en Jerusalén; y con ellos los profetas de Dios que les ayudaban" *(Esdras 5:1-2).*

EN TIEMPOS DE FRUSTRACIÓN Y MIEDO, SÓLO LA Palabra de Dios nos proporciona el poder para superar los obstáculos que bloquean nuestro avance. Cuando se detuvo el trabajo de reconstrucción del Templo, Dios envió a dos profetas a entregar Su Palabra al pueblo, para restaurarlo y darle la fuerza y la valentía que necesitaban para continuar con el proyecto. El libro de Hageo dice:

"En el año segundo del rey Darío, en el mes sexto, en el primer día del mes, vino palabra de Jehová por medio del profeta Hageo a Zorobabel hijo de Salatiel, gobernador de Judá, y a Josué hijo de Josadac, sumo sacerdote, diciendo: Así ha hablado Jehová de los ejércitos, diciendo: Este pueblo dice: No ha llegado aún el tiempo, el tiempo de que la casa de Jehová sea reedificada. Entonces vino palabra de Jehová por medio del profeta Hageo, diciendo: ¿Es para vosotros tiempo, para vosotros, de habitar en vuestras casas artesonadas, y esta casa está desierta? *Pues así ha dicho Jehová de los ejércitos: Meditad bien sobre vuestros caminos. Sembráis mucho, y recogéis poco; coméis, y no os saciáis; bebéis, y no quedáis satisfechos; os vestís, y no os calentáis; y el que trabaja a jornal recibe su jornal en saco roto.*

Así ha dicho Jehová de los ejércitos: Meditad sobre vuestros caminos. Subid al monte, y traed madera, y reedificad la casa; y pondré en ella mi voluntad, y seré glorificado, ha dicho Jehová. Buscáis mucho, y halláis poco; y encerráis en casa, y yo lo disiparé en un soplo. ¿Por qué? dice Jehová de los ejércitos. Por cuanto mi casa está desierta, y cada uno de vosotros corre a su propia casa. Por eso se detuvo de los cielos sobre vosotros la lluvia, y la tierra detuvo sus frutos. Y llamé la sequía sobre esta tierra, y sobre los montes, sobre el trigo, sobre el vino, sobre el aceite, sobre todo lo que la tierra produce, sobre los hombres y sobre las bestias, y sobre todo trabajo de manos" (Hageo 1:1-11)

Esta fue una Palabra fuerte del Señor, pero era absolutamente necesaria para aquellos que se sentían cómodos abandonando la obra que el Señor les había encomendado. Estas personas necesitaban ser sacudidas y conmovidas en espíritu y despertadas de su letargo. Obedecían al hombre en lugar de a Dios, y pagaban un alto precio por su desobediencia.

¿Ve alguna correlación entre la forma en que se comportaba el pueblo de Dios en los días de Esdras, y la forma en que nos comportamos hoy? Digo que sí, aunque me duele admitirlo. A nuestro alrededor hay personas que dicen ser creyentes y, sin embargo, sostienen que no es el momento adecuado para actuar, regresar, arrepentirse o reconciliarse con Dios.

Creo que esta dolorosa realidad ha conmovido mi corazón, al punto de inspirarme y motivarme a escribir este libro. Tengo el más puro deseo que el corazón de los lectores también se conmueva, y regresen al Salvador resucitado. ¿Me estoy equiparando con Esdras o con el profeta Hageo? Por supuesto que no. Pero sí sé que Dios puede usar, y usará a cualquiera que esté abierto y dispuesto a ser usado. Y también sé que muchos de los que reclaman el título de "cristianos" se han vuelto apáticos y permanecen aletargados para hacer la obra que el Señor los ha llamado a hacer.

Muchas personas que van a la iglesia el domingo por la mañana, no piensan en el Señor el resto de la semana. Dios quiere más de nosotros que una hora o una hora y media por semana. Hay 168 horas en una semana, por lo que, si diezmamos nuestro tiempo, eso significaría que dedicaríamos 16,8 horas a la adoración, el estudio y el servicio al Señor cada semana. No quiero decir que debamos ser legalistas con respecto al tiempo que le damos a Dios. Él quiere nuestros corazones y mentes; en otras palabras, todo lo que somos.

Cuando el Padre envió a Su profeta a hablar a los hijos de Israel, exigió saber por qué se esforzaban por arreglar sus propios hogares, cuando la casa del Señor estaba en ruinas.

Cuando se reanudó el trabajo, el Señor cuidó y bendijo a aquellos que enfrentaban oposición. Dio a Zorobabel y a los demás líderes, la audacia y el coraje que necesitaban para mantenerse firmes, sin importar la oposición que enfrentaran. De la misma manera, mientras usted haga Su obra, estará bajo Su protección. ¡No tengo duda sobre ello! He experimentado Su amor, guía y protección muchas veces durante mi ministerio. He aprendido que Dios nunca nos dará una tarea sin también darnos la fuerza, la habilidad y la sabiduría para hacerla. Su yugo es fácil y sus "exigencias" nunca son irrazonables. Cuanto más cerca estemos de Dios, más alineados estaremos con Sus propósitos, y menos nos distraerá la oposición que enfrentemos.

Amar a Dios más que Sus bendiciones.

Muchos cristianos oran para que Dios bendiga sus finanzas y les ayude a prosperar; pero se olvidan por completo del Dios que respondió a sus oraciones, y se enamoran de las bendiciones que les proporcionó. Hemos colocado al Dios de la bendición detrás de las bendiciones reales, en lugar de ponerlo delante de ellas. Por eso hay tantos "altares" en ruinas. La gente ha entregado su corazón a las cosas terrenales, en lugar de entregar su corazón a Aquel que creó esas cosas terrenales.

No es malo prosperar. Al contrario, la prosperidad es una de las bendiciones más hermosas de Dios. Pero debemos asegurarnos de que el altar de Dios, es decir, el corazón humano, no esté lejos de Él.

La segunda parte de la palabra que el profeta Hageo dio a los Hijos de Israel, fue para hacerles saber que Dios estaba plenamente consciente de lo que estaban pasando. Sabía que comían, pero no se sentían satisfechos, que les pagaban, pero se encontraban sin dinero, y que esperaban una gran cosecha, pero terminaban con lo mínimo. En otras palabras, a pesar de tener todo a su favor para prosperar, soportaron una vida de frustración e intimidación, porque no estaban poniendo a Dios primero en sus vidas. No buscaban Su reino por encima de todo, sino más bien su propio consuelo y satisfacción. Dios había bloqueado su progreso, porque no estaban prestando atención a Su agenda.

No debemos permitir que esto nos pase a nosotros. Debemos hacer un inventario honesto de nuestras vidas, y ver dónde nos estamos quedando cortos en nuestro servicio al Señor. ¿Está ganando más dinero que nunca, pero ve que no llegará tan lejos como cuando ganaba menos? Eso podría deberse a la inflación. Pero lo más probable es que sea porque está descuidando el altar de Dios que está dentro de usted.

¿Se encuentra en un momento de su vida en el que debería sentirse seguro y protegido, pero en cambio siempre tiene miedo? ¿Siente que su mundo seguro está a punto de desmoronarse a su alrededor? Eso puede deberse a que ha perdido su celo por las cosas de Dios, y ha dejado Su altar en mal estado.

Cuando acude a Dios en oración, ¿ora por la expansión y el éxito de Su Reino, u ora por usted y su familia? No quiero decir que sea malo orar por nuestras propias necesidades o las de nuestras familias y amigos. Recurrimos a Dios para estas cosas, porque entendemos que todas las bendiciones provienen de Él. No hay ningún otro lugar, ni nadie más a quien acudir. Pero si el Reino es lo más importante en nuestras mentes, ciertamente oraremos para que Sus fronteras se amplíen, y miles de almas perdidas entren por Sus puertas cada día.

Examine su vida

El filósofo Sócrates dijo que la vida sin examinar no vale la pena vivirla. No estoy seguro de llegar tan lejos. Pero sí creo que todo seguidor de Cristo necesita detenerse con frecuencia, y evaluar si sus acciones coinciden con su profesión de fe en Cristo. Y cuando asó lo hacemos, tenemos que ser totalmente honestos en nuestra evaluación, aunque duela. Les insto a que se tomen un momento para reflexionar sobre estas palabras del profeta Malaquías:

> *"Desde los días de vuestros padres os habéis apartado de mis leyes, y no las guardasteis. Volveos a mí, y yo me volveré a vosotros, ha dicho Jehová de los ejércitos. Mas dijisteis: ¿En qué hemos de volvernos?* ¿Robará el hombre a Dios? Pues vosotros *me habéis robado. Y dijisteis: ¿En qué te hemos robado? En vuestros diezmos y ofrendas. Malditos sois con maldición, porque vosotros, la nación toda, me habéis robado. Traed todos los diezmos al alfolí y haya alimento en mi casa; y probadme ahora en esto, dice Jehová de los ejércitos, si no os abriré las ventanas de los cielos, y derramaré sobre vosotros bendición*

hasta que sobreabunde. Reprenderé también por vosotros al devorador, y no os destruirá el fruto de la tierra, ni vuestra vid en el campo será estéril, dice Jehová de los ejércitos. Y todas las naciones os dirán bienaventurados; porque seréis tierra deseable, dice Jehová de los ejércitos" (Malaquías 3:7-12).

Debemos hacer todo lo que esté a nuestro alcance para asegurarnos de no engañar a Dios. Por favor, comprenda que no le estoy señalando ni sermoneándole. Todos estamos en el mismo barco, por eso hablo conmigo mismo, y también con queridos amigos como usted. Todos necesitamos, de vez en cuando, detenernos y hacer un balance de nuestras vidas.

Pienso en el hombre que la Biblia llama "el joven gobernante rico". Se acercó a Jesús y le preguntó qué debía hacer para obtener la vida eterna. Cuando Jesús le dijo que debía obedecer los mandamientos, él respondió que los había guardado desde que era joven. El resto de la historia es la siguiente:

"Aún te falta una cosa: vende todo lo que tienes, y dalo a los pobres, y tendrás tesoro en el cielo; y ven, sígueme. Entonces él, oyendo esto, se puso muy triste, porque era muy rico. Al ver Jesús que se había entristecido mucho, dijo: ¡Cuán difícilmente entrarán en el reino de Dios los que tienen riquezas! Porque es más fácil pasar

un camello por el ojo de una aguja, que entrar
un rico en el reino de Dios" (Lucas 18:22-25).

¿Debemos inferir de este pasaje que Jesús espera que regalemos todo lo que poseemos? No. Pero si hay algo que tenga prioridad sobre nuestra relación con Dios, lo mejor será deshacernos de ello. Dios merece y espera ser el número uno en nuestras vidas.

Podría haber áreas en las que no nos hemos rendido a Dios. Puede que haya cosas en las que necesitemos trabajar, cumplir, cambiar y arreglar; pero hasta que lo hagamos, no experimentaremos "la paz que sobrepasa todo entendimiento".

Respondiendo al reto

Cuando Dios vio que Su pueblo había escuchado Sus palabras, y había reaccionado reiniciando las obras del templo, les habló nuevamente a través de Hageo:

"Entonces Hageo, enviado de Jehová, habló por
mandato de Jehová al pueblo, diciendo: Yo estoy
con vosotros, dice Jehová." (Hageo 1:13).

Esta es la razón por la que en Esdras 5:5, dice: *"Mas los ojos de Dios estaban sobre los ancianos de los judíos, y no les hicieron cesar hasta que el asunto fuese llevado a Darío; y entonces respondieron por carta sobre esto."*

Cuando caminamos en obediencia, activamos la cobertura de Dios. Hay bendición en la obediencia. Era hora de reconstruir el Templo de Dios. No era demasiado temprano ni demasiado tarde. Este era el tiempo que Dios deseaba. La obediencia inoportuna es también desobediencia. Por eso es importante recordar que cuando Dios tiene un propósito con alguien, nada interferirá con lo que Él ha planeado.

Después, las mismas personas que intentaron detener las obras del Templo, fueron testigos de otra hermosa realidad. Cuando el "Tatnal gobernador del otro lado del río" vio que estaban reconstruyendo el Templo, fue a acusarlos de ir en contra de la orden de detener las obras; pero ellos recitaron el decreto que había establecido el rey Ciro. También hablaron con claridad sobre la historia del Templo. Hablaron de la desobediencia del pueblo, de cómo Dios había permitido que el rey Nabucodonosor destruyera el Templo y de cómo Dios ahora, a través del rey Ciro, les había dado la oportunidad de abandonar el cautiverio para reconstruir su ciudad destrozada. Hablaron de la verdad de Dios que está mucho más allá de la realidad de los hombres…

Grandes cosas están por venir

Cuando los hijos de Israel reconstruyeron las ruinas, Dios les habló nuevamente por medio del profeta Hageo, diciendo:

"Habla ahora a Zorobabel hijo de Salatiel, gobernador de Judá, y a Josué hijo de Josadac, sumo sacerdote, y al resto del pueblo, diciendo: ¿Quién ha quedado entre vosotros que haya visto esta casa en su gloria primera, y cómo la veis ahora? ¿No es ella como nada delante de vuestros ojos? Pues ahora, Zorobabel, esfuérzate, dice Jehová; esfuérzate también, Josué hijo de Josadac, sumo sacerdote; y cobrad ánimo, pueblo todo de la tierra, dice Jehová, y trabajad; porque yo estoy con vosotros, dice Jehová de los ejércitos. Según el pacto que hice con vosotros cuando salisteis de Egipto, así mi Espíritu estará en medio de vosotros, no temáis. Porque así dice Jehová de los ejércitos: De aquí a poco yo haré temblar los cielos y la tierra, el mar y la tierra seca; y haré temblar a todas las naciones, y vendrá el Deseado de todas las naciones; y llenaré de gloria esta casa, ha dicho Jehová de los ejércitos. Mía es la plata, y mío es el oro, dice Jehová de los ejércitos. La gloria postrera de esta casa será mayor que la primera, ha dicho Jehová de los ejércitos; y daré paz en este lugar, dice Jehová de los ejércitos" (Hageo 2:2–9).

¡Qué hermosa promesa. En la versión King James, también se repite textualmente esta promesa:

"La gloria postrera de esta casa será mayor que la primera, ha dicho Jehová de los ejércitos; y daré paz en este lugar, dice Jehová de los ejércitos"

Cuando le damos todo a Dios, Él lo toma y lo hace más hermoso de lo que jamás hubiéramos imaginado. Jehová estaba diciendo a su pueblo que no importaba cuán bueno o placentero hubiera sido el pasado, el futuro seguramente sería aún mejor. Cuando la obra estuviera terminada, cuando caminaran en obediencia y cumplieran la asignación que Dios les había dado, entonces se manifestaría la gloria de los últimos días.

Así era hace 3.000 años y así es hoy. Si volvemos nuestro corazón a Dios y reconstruimos las ruinas, mientras vivimos en obediencia, seguramente recibiremos una gloria mayor. Este es el énfasis del profeta Zacarías, quien fue enviado por Dios en ese momento para decirle a Su pueblo lo siguiente…

"Volveos a mí, dice Jehová de los ejércitos, y yo me volveré a vosotros, ha dicho Jehová de los ejércitos" (Zacarias 1:3) Este es, en esencia, el mismo mensaje que dio varios cientos de años más tarde Santiago, el hermano del Señor, quien escribió:

"Acercaos a Dios, y él se acercará a vosotros. Pecadores, limpiad las manos; y vosotros los de doble ánimo, purificad vuestros corazones. Afligíos, y lamentad, y llorad. Vuestra

*risa se convierta en lloro, y vuestro gozo en tris-
teza. Humillaos delante del Señor, y él os exaltará"* (Santiago 4:8-10).

Dios envió a otro, el profeta Zacarías, y éste habló al pueblo con poder y autoridad: *"… Así ha dicho Jehová de los ejércitos: Volveos a mí, dice Jehová de los ejércitos, y yo me volveré a vosotros, ha dicho Jehová de los ejércitos"* (Zacarias 1:3).

Dios está expresando su deseo de ver a sus ovejas per-didas regresar al redil. Justo antes de que Jesús sufriera su muerte insoportablemente dolorosa en la cruz, miró hacia la ciudad de Jerusalén y dijo: *"¡Jerusalén, Jerusalén, que matas a los profetas, y apedreas a los que te son enviados! ¡Cuántas veces quise juntar a tus hijos, como la gallina junta sus polluelos debajo de las alas, y no quisiste!"* (Mateo 23:37). Su corazón estaba quebrantado, no por sí mismo, sino por el pueblo impenitente de Jerusalén. Este es el mismo corazón que Él tiene para Su pueblo hoy. Él llora por nosotros cuando nos alejamos de la salvación que sólo Él puede ofrecer, y siempre está listo para recibir a Sus hijos en casa.

Nadie está excluido de la gracia y la misericordia de Dios. El apóstol Pablo se refirió a sí mismo como "el primero de los pecadores", y esa parece ser una descrip-ción justa. Antes de convertirse en seguidor de Cristo, se dedicó a perseguir al pueblo de Dios. Como en aquellos días los cristianos eran torturados y asesinados por su fe, parece probable que "Saulo" fuera culpable de asesinato, o al menos de ser cómplice de asesinato. Y, sin embargo, ya como Pablo, continuó escribiendo casi una cuarta parte de todo el Nuevo Testamento.

¿Conoce a alguien que dice: "No sabes las cosas que he hecho? Dios nunca podría perdonarme ni aceptarme"? Si es así, le insto a que le haga saber que esto es pura tontería. ¿Han hecho cosas peores que las que hizo Pablo antes de encontrarse con Jesús en el camino a Damasco? Seguramente no; y sin embargo, Pablo llegó a ser uno de los grandes constructores del reino de Dios.

Hay muchos otros ejemplos. Pienso en un hombre llamado Tom Tarrants. Tarrants fue una vez un alto soldado del Ku Klux Klan. Fue responsable de los atentados con bombas contra organizaciones judías, sinagogas e iglesias negras en todo el sur de los Estados Unidos. Fue gravemente herido en un tiroteo con el FBI, y luego sentenciado a cadena perpetua, sin posibilidad de libertad condicional. Tarrants odiaba a los judíos y a los negros; y si lo hubiera conocido, es casi seguro que me habría odiado por mi herencia hispana. Odiaba a cualquiera que no fuera blanco. Pero en prisión, Tarrants empezó a leer la Biblia. Fue tocado por el amor incondicional de Cristo. Llegó a comprender las palabras de Pablo en Gálatas 3:28: *"Ya no hay judío ni griego; no hay esclavo ni libre; no hay varón ni mujer; porque todos vosotros sois uno en Cristo Jesús".*

Tom Tarrants fue completamente cambiado por el amor de Jesús y el poder del Espíritu Santo; y, a través de una serie de acontecimientos que sólo pueden describirse como milagros, fue liberado de prisión. Luego pasó a pastorear una gran iglesia interracial en Washington, D.C. y dedicó su vida a servir a Jesús y trabajar por la reconciliación racial. En los días de Esdras, él habrá estado trabajando en la primera línea de la reconstrucción del Templo, hombro con hombro con los levitas que habían servido a Dios toda su vida.

La asombrosa visión de Zacarías

Antes de pasar a analizar los beneficios de la obediencia, quiero referirme a una visión importante que Dios le dio a Zacarías. El profeta escribe:

> *"Volvió el ángel que hablaba conmigo, y me despertó, como un hombre que es despertado de su sueño. Y me dijo: ¿Qué ves? Y respondí: He mirado, y he aquí un candelabro todo de oro, con un depósito encima, y sus siete lámparas encima del candelabro, y siete tubos para las lámparas que están encima de él; Y junto a él dos olivos, el uno a la derecha del depósito, y el otro a su izquierda. Proseguí y hablé, diciendo a aquel ángel que hablaba conmigo: ¿Qué es esto, señor mío? Y el ángel que hablaba conmigo respondió y me dijo: ¿No sabes qué es esto? Y dije: No, señor mío. Entonces respondió y*

me habló diciendo: Esta es palabra de Jehová a Zorobabel, que dice: No con ejército, ni con fuerza, sino con mi Espíritu, ha dicho Jehová de los ejércitos. ¿Quién eres tú, oh gran monte? Delante de Zorobabel serás reducido a llanura; él sacará la primera piedra con aclamaciones de: Gracia, gracia a ella" (Zacarias 4:1–7).

Este fue un mensaje claro para quienes estaban en la primera línea de la obra en Jerusalén. Una vez más, Dios tuvo que despertar los corazones que estaban adormecidos.

El ángel también estaba tratando de hacerle entender a Zacarías que la reconstrucción del Templo requeriría algo más que fortalezas y capacidades naturales. Esta asignación requeriría personas que pudieran confiar exclusivamente en el poder del Espíritu Santo: hombres y mujeres que estuvieran dispuestos a ser un canal de unción que sólo proviene del Santo de Israel.

En su visión, Zacarías vio algo que nunca había visto en el Templo: dos olivos que suministraban aceite a siete lámparas a través de siete tubos. Uno de los trabajos más tediosos del Templo era el cuidado de las lámparas de los candelabros de oro. Había que limpiarlos y continuamente rellenarlos con aceite. En su visión, Zacarías vio una "recarga automática" en la que los olivos llenaban las lámparas. En el Templo, las lámparas se volvían a encender con aceite de oliva puro, especialmente preparado para ser utilizado en el Templo. Por eso Zacarías pidió una explicación de la visión.

Zacarías tuvo la visión, pero no entendió lo que significaba. Lo que vio fue simple, pero muy inusual: un candelabro lleno directamente de aceite de oliva junto a los dos árboles… En la Biblia, el Espíritu Santo también está representado por el aceite. En otras palabras, el aceite que necesitamos para cumplir la obra de Dios, no proviene de nuestra propia fuerza o capacidad, sino de Dios. No sería mediante la inteligencia, la capacidad o la fuerza física del hombre que el Templo sería reconstruido, sino mediante el Espíritu del Señor.

En diciembre de 2019 esta fue precisamente la palabra que el Espíritu Santo susurró en mi corazón, mientras esperaba ante Él en oración: "No con ejército, ni con fuerza, sino con mi Espíritu, dice el Señor de los ejércitos". Es la razón por la que escribí este libro, para recordarle a la familia de Dios que cuando las obras se completan con el esfuerzo humano, nos llevamos todo el crédito; pero cuando se logran a través de un flujo continuo del Espíritu, entonces todo es para la gracia y gloria de Dios. Es precisamente a través de la gracia de Dios que podemos enfrentar los obstáculos de la vida con la convicción de que los venceremos.

Lección #7 del Libro de Esdras

Cuando Esdras regresó a Jerusalén, quedó asombrado por la pobreza espiritual que encontró allí. La mayoría de la gente había perdido completamente el contacto con Dios. No conocían sus mandamientos. Nunca habían leído las Escrituras y probablemente ni siquiera sabían que existían. Eso me hace preguntarme: ¿Estados Unidos está perdiendo contacto con la Palabra de Dios? ¿Sabía que sólo el 11 por ciento de los estadounidenses lee la Biblia todos los días? ¿O que el 29 por ciento dice que nunca leyó la Biblia? Seguramente son cifras desalentadoras. Pero el Barna Research Group, que recopiló estas cifras en 2021, informa que en realidad son mejores que en años anteriores, y que la Biblia está ganando popularidad. Hagamos lo que podamos para ayudar a que estas tendencias positivas continúen: Lea su Biblia diariamente. Inste a otros a hacer lo mismo. Y nunca se avergüence de la Palabra de Dios. Recuerde siempre que… *"Lámpara es a mis pies tu palabra, y lumbrera a mi camino"* (Salmo 119:105).

PREGUNTAS PARA LA REFLEXIÓN ESPIRITUAL

1. ¿Tiene usted el hábito de recordar las palabras proféticas dichas sobre usted? ¿Cómo te impacta recordar esas palabras?

2. ¿Cuándo ha sentido la protección de Dios en su vida?

3. ¿Alguna vez ha visto que algo se detuviera debido a un acto de desobediencia?

4. Cuando se compara con la persona que era hace cinco, diez o quince años, ¿cómo que ve ha cambiado?

____

____

____

5. Mencione al menos tres victorias que haya logrado con la ayuda de Dios.

____

____

____

8

LAS RECOMPENSAS DE LA OBEDIENCIA

"Y los ancianos de los judíos edificaban y prosperaban, conforme a la profecía del profeta Hageo y de Zacarías hijo de Iddo. Edificaron, pues, y terminaron, por orden del Dios de Israel, y por mandato de Ciro, de Darío, y de Artajerjes rey de Persia" (*Esdras 6:14*).

LA BIBLIA TIENE MUCHO QUE DECIR ACERCA DE LAS bendiciones que reciben quienes viven en obediencia a Dios. En el Capítulo 28 de Deuteronomio encontramos algunas palabras poderosas sobre este tema. Estas son palabras que Moisés habló a los Hijos de Israel, después de saber de Dios que estaba a punto de morir. El gran profeta sabía que cada palabra que pronunciaba en ese momento era de vital importancia. Su objetivo era darle al pueblo de Dios un mensaje que permanecería con ellos, y los guiara a medida que avanzaban hacia la Tierra Prometida, y mucho más allá. Dijo estas palabras sobre la importancia de la obediencia:

"Acontecerá que si oyeres atentamente la voz de Jehová tu Dios, para guardar y poner por obra todos sus mandamientos que yo te prescribo hoy, también Jehová tu Dios te exaltará sobre todas las naciones de la tierra. Y vendrán sobre ti todas estas bendiciones, y te alcanzarán, si oyeres la voz de Jehová tu Dios. Bendito serás tú en la ciudad, y bendito tú en el campo. Bendito el fruto de tu vientre, el fruto de tu tierra, el fruto de tus bestias, la cría de tus vacas y los rebaños de tus ovejas. Benditas serán tu canasta y tu artesa de amasar. Bendito serás en tu entrar, y bendito en tu salir. Jehová derrotará a tus enemigos que se levantaren contra ti; por un camino saldrán contra ti, y por siete caminos huirán de delante de ti" (Deuteronomio 28:1-7).

La lista de bendiciones por la obediencia sigue y sigue. Les invito a que las lean.. Capitulo 28 de Deuteronomio. Pero luego Moisés tuvo algunas palabras aterradoras para aquellos que se niegan a obedecer los mandamientos de Dios:

"Pero acontecerá, si no oyeres la voz de Jehová tu Dios, para procurar cumplir todos sus mandamientos y sus estatutos que yo te intimo hoy, que vendrán sobre ti todas estas maldiciones, y te alcanzarán. Maldito serás tú en la ciudad, y maldito en el campo. Maldita tu canasta, y tu artesa de amasar. Maldito el fruto de tu vientre, el fruto de tu tierra, la cría de tus vacas, y los rebaños de tus ovejas. Maldito serás en tu entrar, y maldito en tu salir. Y Jehová enviará contra ti la maldición, quebranto y asombro en todo cuanto pusieres mano e hicieres, hasta que seas destruido, y perezcas pronto a causa de la maldad de tus obras por las cuales me habrás dejado" (Deuteronomio 28:15-20).

Y si continúa leyendo, sigue la lista de maldiciones…

Como dije en el Capítulo anterior, la obediencia produce bendiciones. Esto es exactamente lo que empezó a ocurrir cuando los hijos de Israel estaban trabajando a toda máquina en las obras de Dios. Esdras y los demás que habían regresado a Judá estaban haciendo todo lo posible para obedecer lo que Dios les había ordenado; pero, un nuevo rey había subido al trono en Babilonia, y había ordenado que se detuviera la obra.

¿Qué iban a hacer?

¿Esperaron a que Dios pelee por ellos? ¡Es exactamente lo que hicieron!... En 522 a.C. el reinado de Artajerjes (también conocido como Cambises) llegó a su fin después de sólo siete años, y de una rápida victoria sobre Egipto que lo elevó a la categoría de héroe. Los estudiosos no están seguros de cómo murió el rey. Algunos creen que se quitó la vida, pero otros dicen que lo más probable es que haya muerto en un accidente. Cualquiera que fuera, podemos estar seguros de que Dios lo destituyó del poder para allanar el camino para la reconstrucción del Templo.

A su muerte, fue reemplazado por Darío, quien se destacó por su genio administrativo, sus grandes proyectos de construcción y su benevolencia hacia las naciones que habían sido conquistadas y absorbidas por el Imperio Persa.

Poco después de ascender al trono, Darío pidió los archivos que se estaban almacenando y conservando en la Tesorería de Babilonia. Quedó asombrado al leer las siguientes palabras:

> *"En el año primero del rey Ciro, el mismo rey Ciro dio orden acerca de la casa de Dios, la cual estaba en Jerusalén, para que fuese la casa reedificada como lugar para ofrecer sacrificios, y que sus paredes fuesen firmes; su altura de sesenta codos, y de sesenta codos su anchura; y tres hileras de piedras grandes, y una de madera nueva; y que el gasto sea pagado por el tesoro del rey. Y*

*también los utensilios de oro y de plata de la
casa de Dios, los cuales Nabucodonosor sacó
del templo que estaba en Jerusalén y los pasó a
Babilonia, sean devueltos y vayan a su lugar, al
templo que está en Jerusalén, y sean puestos en
la casa de Dios"* (Esdras 6:3–5).

El nuevo rey quedó estupefacto al descubrir que esta
obra no había sido realizada, sino abandonada por orden
de su antecesor. Cuando el rey vio la gravedad de la situación, escribió a las mismas personas que habían provocado la oposición inicial contra los israelitas y les dijo:

*"… Ahora, pues, Tatnai gobernador del otro lado
del río, Setar-boznai, y vuestros compañeros los
gobernadores que estáis al otro lado del río, ale-
jaos de allí. Dejad que se haga la obra de esa
casa de Dios; que el gobernador de los judíos y
sus ancianos reedifiquen esa casa de Dios en su
lugar. Y por mí es dada orden de lo que habéis de
hacer con esos ancianos de los judíos, para reedificar esa casa de Dios; que de la hacienda del rey,
que tiene del tributo del otro lado del río, sean
dados puntualmente a esos varones los gastos,
para que no cese la obra. Y lo que fuere necesario,
becerros, carneros y corderos para holocaustos
al Dios del cielo, trigo, sal, vino y aceite, conforme a lo que dijeren los sacerdotes que están en
Jerusalén, les sea dado día por día sin obstáculo
alguno, para que ofrezcan sacrificios agradables*

al Dios del cielo, y oren por la vida del rey y por sus hijos. También por mí es dada orden, que cualquiera que altere este decreto, se le arranque un madero de su casa, y alzado, sea colgado en él, y su casa sea hecha muladar por esto. Y el Dios que hizo habitar allí su nombre, destruya a todo rey y pueblo que pusiere su mano para cambiar o destruir esa casa de Dios, la cual está en Jerusalén. Yo Darío he dado el decreto; sea cumplido prontamente" (Esdras 6:6-12).

Una vez más, Dios había convertido una maldición en bendición. El mismo pueblo que se oponía a los hijos de Israel, se convirtió en testigo del nuevo decreto que el rey Darío estaba a punto de establecer a su favor.

Esto da testimonio de lo escrito en el Salmo 23, donde las escrituras hablan de Dios sirviendo un banquete a sus hijos en presencia de sus enemigos. Tatnai y Zetar-boznai no sólo fueron llamados a ser testigos del nuevo decreto, sino que también recibieron instrucciones estrictas de "mantenerse alejados de allí" y dejar de causar problemas a los judíos.

Este es sólo uno de los muchos beneficios que recibimos cuando decidimos volvernos a Dios: la justicia y la misericordia son derramadas sobre nosotros frente a nuestros enemigos.

Cuando caminamos bajo la justicia de Dios, Él se asegura de que todo esté en su lugar. Dios usará a quien Él decida para asegurarse de que seamos bendecidos. No siempre es fácil ver cómo Dios está obrando entre bastidores, pero si permanecemos en Él, veremos cómo las piezas encajan y Él nos mostrará Su justicia divina. Incluso si no siempre tenemos una respuesta al "por qué", si confiamos en los planes del Señor para nuestras vidas, teniendo conciencia de que son buenos y no malos, veremos el cumplimiento de sus promesas para nosotros.

Creo que la mayoría de nosotros nunca sabremos, hasta que lleguemos al cielo, todas las formas en que Dios nos ha bendecido y protegido en esta vida. Y cuando finalmente veamos todas las formas en que Él nos ha cuidado y bendecido, sé que nos sorprenderemos. Es posible que se sorprenda al ver todas las veces que lo protegió de sufrir un accidente automovilístico. Es posible que haya comenzado un viaje, haya caminado hacia su automóvil y luego haya recordado que había dejado algo en la casa y tuvo que regresar a buscarlo; tal vez haya estado molesto por esa demora, pero los pocos minutos que se tomó para regresar a casa, podrían haberlo protegido de ser atropellado por un conductor ebrio, o sufrir alguna otra calamidad. Cuántas veces Dios le ha protegido de otro tipo de problemas como: sufrir lesiones, ser estafado, ser robado, etc. Creo que debemos agradecerle a Dios por todas las formas en que Él nos ha bendecido y no nos damos cuenta.

Por ejemplo, un pastor estaba en un largo viaje en automóvil. Se dirigió a una zona de descanso por unos minutos. Luego, mientras se preparaba para regresar a la autopista, miró a ambos lados y vio que el camino parecía despejado. Pero de repente, por alguna razón, sintió que necesitaba parar. Pisó los frenos y apenas logró evitar ser aplastado por un camión que pasó disparado. ¿Cómo no había visto ese camión? Permaneció allí sentado durante unos minutos, temblando por lo cerca que había experimentado el peligro. Sabía que era sólo por la gracia de Dios que estaba sano y vivo.

Una joven recuerda la mañana en que llegó tarde a la escuela. Tomó sus libros, salió corriendo por la puerta y se preparó para cruzar la calle corriendo, sin mirar. Cuando bajó de la acera y salió a la calle, sintió un par de manos invisibles empujándola hacia atrás. Cayó de espaldas sobre la acera, sacudida pero ilesa cuando un automóvil pasó a toda velocidad. Si no fuera por esas manos invisibles, habría resultado herida de gravedad, o habría muerto. ¡Nuestro Dios nos protege y bendice de muchas maneras!

Quizás haya oído hablar de lo que sucedió en la Iglesia Bautista West Side en Beatrice, Nebraska, el miércoles 1 de Marzo de 1950.[11] La práctica del coro debía comenzar a las 7:20 de esa tarde, pero por diversas razones, los 15 miembros del coro llegaron tarde. Por esa razón, nadie

---

[11] Medium.com/the mystery box, "How 15 mundane miracles saved 15 lives from an explosion," by Martina Petkova, September 11, 2020

resultó herido ni murió cuando una explosión de gas destruyó la iglesia a las 7:25. La explosión fue tan fuerte que rompió ventanas en casas vecinas y dejó fuera del aire una estación de radio.

Ninguno de los motivos del retraso de los miembros del coro era grave. Dos mujeres no podían arrancar su coche. El pastor, su esposa y su hija llegaron tarde porque descubrieron en el último momento que necesitaba planchar un vestido. Otra fue detenida por una llamada telefónica que llegó justo cuando salía por la puerta. Y un miembro del coro decidió tomar una siesta breve y se quedó dormido. Y así paso... Según el sitio web de "Snopes", que verificó el evento, presentaciones anteriores indicaron que cada persona llegaría tarde a la práctica del coro una de cada cuatro veces; por lo tanto, las probabilidades de que todos llegaran tarde la misma noche eran de una a un millón[12]. La moraleja de la historia: nunca se moleste por esas pequeñas cosas que a veces nos hacen llegar tarde; quizás sean simplemente la forma en que Dios nos salva la vida.

Dios provee todas nuestras necesidades

Además de brindar cobertura y protección física, Dios aseguró el apoyo financiero para la reconstrucción del Templo. En el decreto del rey Darío se establece que todos los costos relacionados con la reconstrucción del Templo deben ser cubiertos por la Tesorería del rey. Ese dinero

---

[12] Snopes.com, "Church Explosion Spares Choir," December 31, 1998

vendría de las mismas provincias de donde procedían estos enemigos de los judíos…

¡Qué parecido a lo que hace nuestro Padre Celestial!. La Palabra de Dios está llena de promesas de provisión para Sus hijos.

Filipenses 4:19 dice: *"Mi Dios, pues, suplirá todo lo que os falta conforme a sus riquezas en gloria en Cristo Jesús".*

2 Corintios 9:8 dice: *"Y poderoso es Dios para hacer que abunde en vosotros toda gracia, a fin de que, teniendo siempre en todas las cosas todo lo suficiente, abundéis para toda buena obra;".*

Proverbios 13:22: *"El bueno dejará herederos a los hijos de sus hijos; pero la riqueza del pecador está guardada para el justo".*

Si sigue buscando, seguirá encontrando más promesas. Servimos a un Dios generoso. Una de las cosas hermosas de ser hijo de Dios, es saber que nuestro Padre Celestial está consciente de nuestras necesidades. Como escribió David en el **Salmo 37:25**: *"Joven fui, y he envejecido, y no he visto justo desamparado, ni su descendencia que mendigue pan".*

Dios preparó cada detalle de antemano como parte de Su reconciliación con Su pueblo. Ese es el Dios que les presento en estas líneas, un Dios que nos ama, y no cejará en llamarnos a Su presencia.

Sólo cuando finalmente entremos en Su presencia y restablezcamos nuestra relación con Él, veremos la victoria.

> *"Y los ancianos de los judíos edificaban y prosperaban, conforme a la profecía del profeta Hageo y de Zacarías hijo de Iddo. Edificaron, pues, y terminaron, por orden del Dios de Israel, y por mandato de Ciro, de Darío, y de Artajerjes rey de Persia. Esta casa fue terminada el tercer día del mes de Adar, que era el sexto año del reinado del rey Darío" (Esdras 6:14-15).*

Todo salía bien para los Hijos de Israel, porque caminaban en obediencia. Lo he dicho muchas veces antes, y lo diré nuevamente: hay bendición y prosperidad en la obediencia. Cuando nos referimos a prosperidad, la mayoría de la gente automáticamente asume que estamos hablando de cosas materiales o de dinero. La verdadera prosperidad no se trata de cosas terrenales, sino de riqueza espiritual. Por esta razón, Dios habló a Josué, diciéndole: *"Nunca se apartará de tu boca este libro de la ley, sino que de día y de noche meditarás en él, para que guardes y hagas conforme a todo lo que en él está escrito; porque entonces harás prosperar tu camino, y todo te saldrá bien".* (Josué 1:8). Una cosa es segura: Dios desea prosperar a su pueblo, así como prosperan sus almas.

Necesitada: Gente para el templo

Una vez restaurado el lugar de alabanza, se estableció el orden y los lugares para los servicios, como lo exige la ley de Moisés. No tendría sentido establecer un Templo sin gente para servir a aquellos que vendrían buscando restauración en la casa del Señor. Era importante establecer este orden en el Templo para que se cumplieran los propósitos de Dios. Los servidores y sacerdotes elegidos para los servicios del Templo pasaron por un proceso de purificación, tal como Dios les ordenó hacerlo.

Hay muchas razones por las que la gente acude al altar. Algunos vienen en busca de salvación; otros vienen a volver a dedicar sus vidas al Señor; y otros más llegan a renunciar a su pasado, a deshacerse de viejos hábitos y viejas formas de pensar y vivir. Impartimos lo que llevamos, por eso es importante que vivamos cada día en santidad para poder cumplir con nuestros deberes sacerdotales dentro de nuestra comunidad de fe.

1 Pedro 2:9 nos dice… *"Mas vosotros sois linaje escogido, real sacerdocio, nación santa, pueblo adquirido por Dios, para que anunciéis las virtudes de aquel que os llamó de las tinieblas a su luz admirable;"* Debemos purificarnos yendo al altar, y luego estar listos para ministrar a otros que necesitan la gracia y la misericordia de Dios.

La salvación se recibe inmediatamente cuando aceptamos a Jesús como nuestro Salvador. Pero la santificación es un proceso cotidiano y evoluciona a medida que nos entregamos al Señor y le concedemos permiso al Espíritu Santo para realizar en nosotros Sus grandes obras. Es un llamado a venir al altar y entregar todo lo que somos al Padre: cuerpo, alma y espíritu.

No debemos tomar a la ligera la santidad que requiere el Templo. Pablo lo describió en su carta a Timoteo:

"Palabra fiel: Si alguno anhela obispado, buena obra desea. Pero es necesario que el obispo sea irreprensible, marido de una sola mujer, sobrio, prudente, decoroso, hospedador, apto para enseñar; no dado al vino, no pendenciero, no codicioso de ganancias deshonestas, sino amable, apacible, no avaro; que gobierne bien su casa, que tenga a sus hijos en sujeción con toda honestidad (pues el que no sabe gobernar su propia casa, ¿cómo cuidará de la iglesia de Dios?); no un neófito, no sea que envaneciéndose caiga en la condenación del diablo. También es necesario que tenga buen testimonio de los de afuera, para que no caiga en descrédito y en lazo del diablo. Los diáconos asimismo deben ser honestos, sin doblez, no dados a mucho vino, no codiciosos de ganancias deshonestas; que guarden el misterio de la fe con limpia conciencia. Y estos también sean sometidos a prueba primero, y entonces ejerzan el diaconado, si son irreprensibles. Las mujeres asimismo sean honestas, no calumniadoras, sino sobrias, fieles en todo. Los diáconos sean maridos de una sola mujer, y que gobiernen bien sus hijos y sus casas. Porque los que ejerzan bien el diaconado, ganan para sí un grado honroso, y mucha confianza en la fe que es en Cristo Jesús" (1 Timoteo 3:1–13).

Dios tiene claro cómo quiere que vivamos. Su Palabra explica Sus expectativas para nosotros, y nos dice qué podemos hacer para brillar como Sus representantes y embajadores aquí en la tierra.

Lección #8 del Libro de Esdras

Podemos aprender mucho al observar la vida de un hombre piadoso como Esdras. Una que podemos aprender es el valor de la obediencia. Cuando Dios llamó a Esdras para ir a Jerusalén, él obedeció sin cuestionar. El rey David escribió: *"En mi corazón he guardado tus dichos, para no pecar contra ti"* (Salmo 119:11). Esdras también había guardado la Palabra de Dios en Su corazón. Había memorizado toda la ley, y podía citarla o escribirla cada vez que se lo pidieran.

Quien desee caminar en obediencia, necesita tener un conocimiento profundo de las Escrituras. No estoy diciendo que deba memorizar toda la Biblia. Dudo que alguien pueda hacer eso. Pero es importante saber lo que Dios dice acerca de: la salvación; nuestra relación con Él y con otras personas; cómo espera que vivamos, etc. Si no ha estado leyendo la Biblia con regularidad y meditando en las verdades que contiene, le insto. Empiece ahora mismo... Le ayudará a caminar en obediencia y a mejorar toda su vida.

PREGUNTAS PARA LA REFLEXIÓN ESPIRITUAL

1. ¿Cómo se has sentido al completar con éxito una de las tareas que Dios le ha encomendado?

2. ¿Cómo ha visto la provisión de Dios en su vida?

3. ¿Puede identificar al menos tres amigos o familiares cuyos corazones puede ayudar a restaurar y acercarles a Jesús?

4. ¿Qué viejas formas de pensar (si las hay) necesita erradicar de su vida?

____

____

____

5. ¿Qué pasos dará para limpiar de las formas de pensar equivocadas?

____

____

____

9

ALÍSTATE PARA ENSEÑAR

"Y llegó a Jerusalén en el mes quinto del año séptimo del rey. Porque el día primero del primer mes fue el principio de la partida de Babilonia, y al primero del mes quinto llegó a Jerusalén, estando con él la buena mano de Dios. Porque Esdras había preparado su corazón para inquirir la ley de Jehová y para cumplirla, y para enseñar en Israel sus estatutos y decretos" (Esdras 7:8-10).

¿Está preocupado por impactar a otros para el Señor? Esdras lo estaba. Y si realmente no le importan los millones de almas perdidas que hay, le insto a que le pida al Señor que le dé compasión por ellas. Una vez escuché a un predicador decir que nadie va al cielo solo. En otras palabras, para llegar allí, se debe llevar a alguien con uno. Creo que es un buen punto, aunque no estoy seguro de estar de acuerdo. Lo único que tenemos que hacer para llegar al Cielo, es aceptar a Jesucristo como nuestro Señor y Salvador. Por otro lado, si Jesús ha cambiado su vida, entonces ciertamente querrá contárselo a otros y darles la oportunidad de experimentar el gozo y la esperanza que Él da.

¿Qué harías si se despertara una mañana y viera que sale humo de la casa de su vecino? ¿Cerraría las persianas y seguiría con tus asuntos, ignorando el hecho de que sus vecinos podrían morir quemados a menos que les advirtiera? Me parece que no haría eso. Creo que llamaría al 911 para informar del incendio, y luego correrías a la casa de su vecino gritando: "¡Tu casa se está quemando! ¡Salgan! ¡Fuego!"… Seguiría gritando y golpeando la puerta de entrada, hasta que estuvieran fuera de peligro.

¿Cuál es mi punto? Que las personas que nos rodean están perdidas y en peligro de pasar la eternidad en el infierno, y necesitan que les advirtamos, para evitar que terminen eternamente separados de Dios. En otras palabras, debemos tener la pasión y el celo de Esdras, y estar siempre dispuestos a compartir la Palabra de Dios.

Cuando Pablo escribió a su joven protegido Timoteo, le dijo: *"Lo que has oído de mí ante muchos testigos, esto encarga a hombres fieles que sean idóneos para enseñar también a otros"* (2 Timoteo 2:2). No tenemos que detenernos ahí.

Podríamos continuar diciendo "... enseñe estas verdades a otras personas confiables que podrán transmitirlas a otros. Estos que puedan transmitirlos a otros… estos a otros…" y así sucesivamente, hasta que el mundo entero haya tenido la oportunidad de escuchar el Evangelio.

Esdras renueva una nación

Esdras sirvió como instrumento de Dios para renovar espiritualmente una Nación. Su vida sirve de ejemplo para todos los que han sido llamados a ser instrumentos de cambio. Él nos da la fórmula que hoy se necesita en cada iglesia, púlpito y cada líder. La verdadera restauración comenzará en nosotros, cuando busquemos ayudar a otros a renovarse y restaurarse a sí mismos.

¿Ve el secreto detrás del éxito de Esdras? La Biblia dice que estaba decidido a estudiar y obedecer los decretos del Señor, antes de comenzar a enseñar esos decretos y regulaciones a otros. Al igual que Esdras, tenemos que aplicar lo que aprendemos de Dios y Su Palabra, antes de empezar a intentar ayudar a los demás. En otras palabras, debemos estar seguros de que hemos sido cambiados, antes de que podamos salir y cambiar a otros.

A veces cometemos el error de querer ayudar a los demás antes de haber aplicado estas lecciones a nosotros mismos. La fórmula para el éxito en el ministerio es clara: aprender primero y aplicarlo primero a nuestras vidas, para luego poder enseñar a otros.

Todos llevamos un llamado de Dios, ya que todos hemos sido reclutados como parte de la Gran Comisión:

> *"Por tanto, id, y haced discípulos a todas las naciones, bautizándolos en el nombre del Padre, y del Hijo, y del Espíritu Santo; enseñándoles que guarden todas las cosas que os he mandado; y he aquí yo estoy con vosotros todos los días, hasta el fin del mundo. Amén" (Mateo 28:19–20).*

El Capítulo 7 del libro de Esdras abre el camino a uno de los ministerios más gratificantes de la iglesia: el Ministerio de Enseñanza. Este Capítulo describe con más detalle a este gran hombre de Dios, haciendo un recuento generacional, desde Aarón, hermano de Moisés y primer Sumo Sacerdote. Las Escrituras nos dicen lo siguiente acerca de Esdras. *"este Esdras subió de Babilonia. Era escriba diligente en la ley de Moisés, que Jehová Dios de Israel había dado; y le concedió el rey todo lo que pidió, porque la mano de Jehová su Dios estaba sobre Esdras"* (Esdras 7:6).

Esdras era médico e intérprete de la Ley hebrea. Podemos decir que Esdras fue un hombre de Dios, que se aseguró de que se cumplieran los mandatos del Señor. Dios estaba con él. Cuando partió hacia Jerusalén en obediencia al llamado de Dios para su vida, no fue solo.

> *"Y con él subieron a Jerusalén algunos de los hijos de Israel, y de los sacerdotes, levitas,*

cantores, porteros y sirvientes del templo, en el séptimo año del rey Artajerjes" (Esdras 7:7).

Esdras sabía exactamente cuál era su misión. Entendió que era responsable de establecer el orden que Dios exigía a Su pueblo. La Palabra no explica por qué Esdras no estuvo entre el primer grupo de personas que viajaron a Jerusalén desde Babilonia; sin embargo, Esdras estaba justo en el centro de la voluntad de Dios. Dios conocía su nombre, y lo estaba usando para cumplir sus propósitos.

Quiero asegurarle que Dios también sabe su nombre. Él está consciente de sus fortalezas y habilidades, y ve sus esfuerzos para el nombre de Su Reino. El diablo quiere que sintamos que nadie se ha dado cuenta de lo que tenemos para ofrecer. Le encanta ver cuando estamos deprimidos, porque el desánimo lleva a la impotencia.

Recuerde siempre que Dios le ha bendecido con dones, talentos y frutos necesarios para el servicio de Su pueblo. Así como Dios llamó a Esdras a Su servicio, Él está pronunciando su nombre, y usará reyes, gobernadores, personas con autoridad y gente común para hacerle saber que Él le está llamando... ¡Cuando respondamos al llamado de Dios, prosperaremos!; contrariamente, cuando rechacemos Su llamado, nos marchitaremos y luego moriremos. Como dijo Jesús: *"Y ya también el hacha está puesta a la raíz de los árboles; por tanto, todo árbol que no da buen fruto es cortado y echado en el fuego"* (Mateo 3:10).

¿Cuántas personas que alguna vez fueron maestros sabios de la Biblia, ahora están alejadas de la casa del Señor? ¿Cuántos hombres y mujeres que alguna vez fueron mentores de creyentes más jóvenes, han abandonado el propósito para el cual Dios los llamó? ¿Cuántos de los que alguna vez proclamaron con valentía el Evangelio, ahora se sientan en silencio?...

En Jerusalén, durante los días de Esdras, habitaban muchos miles de judíos que se habían perdido. Se habían mezclado con las tribus paganas que los rodeaban. También habían mezclado las verdades de las Escrituras con los mitos, leyendas y prácticas abominables de los pueblos vecinos. Necesitaban desesperadamente que alguien como Esdras los trajera de regreso a Dios.

Simplemente estamos hablando del hecho de que Dios conocía a Esdras por su nombre. Al parecer, lo mismo hizo el rey de Persia, Artajerjes. Estaba consciente del carácter de Esdras, y confiaba en su criterio. Esto era evidente, por la carta que el rey envió a Esdras:

> *"Artajerjes rey de reyes, a Esdras, sacerdote*
> *y escriba erudito en la ley del Dios del cielo:*
> *Paz. Por mí es dada orden que todo aquel en*
> *mi reino, del pueblo de Israel y de sus sacer-*
> *dotes y levitas, que quiera ir contigo a Jerusalén,*
> *vaya. Porque de parte del rey y de sus siete*
> *consejeros eres enviado a visitar a Judea y a*
> *Jerusalén, conforme a la ley de tu Dios que está*

en tu mano; y a llevar la plata y el oro que el rey y sus consejeros voluntariamente ofrecen al Dios de Israel, cuya morada está en Jerusalén, y toda la plata y el oro que halles en toda la provincia de Babilonia, con las ofrendas voluntarias del pueblo y de los sacerdotes, que voluntariamente ofrecieren para la casa de su Dios, la cual está en Jerusalén. Comprarás, pues, diligentemente con este dinero becerros, carneros y corderos, con sus ofrendas y sus libaciones, y los ofrecerás sobre el altar de la casa de vuestro Dios, la cual está en Jerusalén. Y lo que a ti y a tus hermanos os parezca hacer de la otra plata y oro, hacedlo conforme a la voluntad de vuestro Dios. Los utensilios que te son entregados para el servicio de la casa de tu Dios, los restituirás delante de Dios en Jerusalén. Y todo lo que se requiere para la casa de tu Dios, que te sea necesario dar, lo darás de la casa de los tesoros del rey.

Y por mí, Artajerjes rey, es dada orden a todos los tesoreros que están al otro lado del río, que todo lo que os pida el sacerdote Esdras, escriba de la ley del Dios del cielo, se le conceda prontamente, hasta cien talentos de plata, cien coros de trigo, cien batos de vino, y cien batos de aceite; y sal sin medida. Todo lo que es mandado por el Dios del cielo, sea hecho prontamente para la casa del Dios del cielo; pues, ¿por qué habría de ser su ira contra el reino del rey y de sus hijos? Y a vosotros os hacemos saber que a todos los sacerdotes y levitas, cantores, porteros, sirvientes del templo y ministros de la casa de Dios, ninguno podrá imponerles tributo, contribución ni renta.

Y tú, Esdras, conforme a la sabiduría que tienes de tu Dios, pon jueces y gobernadores que gobiernen a todo el pueblo que está al otro lado del río, a todos los que conocen las leyes de tu Dios; y al que no las conoce, le enseñarás. Y cualquiera que no cumpliere la ley de tu Dios, y la ley del rey, sea juzgado prontamente, sea a muerte, a destierro, a pena de multa, o prisión" (Esdras 7:12-26).

¡Guau! Qué carta tan sorprendente y reveladora... Las palabras del rey deberían ser suficientes para conmover los corazones de todos los que las escuchen, y despertar a aquellos que han caído en un sueño espiritual.

La Biblia no entra en detalles sobre lo que estaba haciendo Esdras cuando recibió la carta del rey, pero es sorprendente ver cómo Dios le reveló al rey, que era el momento correcto para que Esdras regresara al lugar que le correspondía. Dios ya tenía planeada esta temporada para Esdras. Sabía el momento preciso en el que trasladaría a Esdras a Jerusalén para cumplir su propósito.

Dios nunca nos desamparará

Otra cosa que aprendemos de la historia de Esdras, es que cuando Dios llama a una persona, la capacita y la apoya. Como dice en Su palabra, Dios nunca nos desamparará ni nos abandonará. Él nunca nos dará un llamado que no estemos dispuestos a cumplir, ni para el que no estemos capacitados. Si Dios le ha llamado como misionero, Él se hará cargo de todas sus necesidades y guardará a su familia mientras camina en obediencia. Él le empoderará y bendecirá sus esfuerzos.

Esta misma carta del rey Artajerjes es una dedicatoria de Dios para usted. Es el Espíritu Santo haciendo un llamado a su corazón para que pueda regresar a Él.

Por segunda vez en la historia, vemos que cuando Dios conmovió el corazón de un rey, estableció un decreto abierto a cualquiera que deseara salir de Babilonia y del estado de cautiverio; por lo tanto, cuando Esdras partió hacia Jerusalén, se llevó consigo a sacerdotes, maestros y servidores que no habían respondido al llamado inicial emitido por Darío. Dios levantó a un líder que simultáneamente respondió al llamado, y motivó a otros líderes a regresar al altar también.

¿Será usted como Esdras? ¿Inspirará a otros a responder al llamado de Dios? El cristianismo no es un deporte para espectadores, pero muchos de los hijos de Dios están mirando desde el graderío, cuando Dios quiere que estén en el campo, jugando. Dios no necesita más fans; necesita más jugadores. En Mateo 9:37–38 consta lo que Jesús habló: *"Entonces dijo a sus discípulos: A la verdad la mies es mucha, mas los obreros pocos. Rogad, pues, al Señor de la mies, que envíe obreros a su mies".*

Hay una necesidad urgente de trabajadores, ministros y aquellos llamados a predicar la Palabra de Dios, a restaurar y amar a los que Dios ama. Ningún padre está en paz cuando ve que sus hijos se alejan de Dios, ¿cuánto más sufrirá nuestro Padre Celestial al ver a Sus hijos alejarse de Su presencia? Es hora de regresar al altar, responder al llamado, y ayudar a otros a hacer lo mismo.

Estamos llamados a ser atalayas

En su carta, el rey Artajerjes le dio a Esdras la responsabilidad de verificar que los llamados a restaurar las ruinas, realmente estuvieran cumpliendo la voluntad de Dios. Ésta es otra situación controvertida en la que nos encontramos hoy. Muchos quieren ser profetas, pero sólo con una palabra suave, promesas y buenas noticias de parte de Dios. Cuando tienen que establecer orden, disciplina y exponer los pecados, prefieren guardar silencio. Ahora oímos sermones motivadores desde el púlpito, en lugar de mensajes que confrontan nuestros estilos de vida y condiciones espirituales. Cuando Dios dice que profeticemos sobre bendiciones venideras y ríos de agua viva, ciertamente tenemos que informar lo que Él dice. Pero no podemos ignorarlo cuando Dios habla de la necesidad del arrepentimiento o del juicio inminente. No podemos decirle a la gente: "Dios dice que todo es maravilloso", cuando no lo ha dicho en absoluto.

Estamos llamados a ser centinelas sobre aquellos que han venido al altar. Aquellos de nosotros que somos fuertes en la fe, debemos pastorearlos y asegurarnos de que caminen por senderos de rectitud. No quiero decir que debamos espiar a nuestros hermanos y hermanas, y vigilar todo lo malo que hacen. Hay una diferencia entre ser un policía espiritual y un atalaya. Un policía arresta a personas y las encarcela. Un vigilante advierte cuando las personas están en peligro. Él o ella guía a las personas de regreso a una vida santa, de la manera más amorosa y amable posible.

Un centinela es como el Buen Pastor que, cuando ve un cordero descarriado y en peligro, va tras él y lo trae de vuelta al redil. Es como el Buen Pastor que deja las 99 ovejas que están seguras en el redil, y sale en busca de la que se ha perdido. No es fácil dejar la seguridad del redil, o el compañerismo de las 99 ovejas que aman al Señor y se fortalecen en su fe cada día, pero Dios nos llama a ir, ¡y debemos hacerlo!

Antes de continuar, quiero hablar un poco más sobre el Don de Profecía. Este siempre ha sido uno de los dones del Espíritu al que más se le ha tomado en cuenta; pero también, ha resultado ser un poco problemático. ¿Por qué? Porque es fácil emocionarse y dejarse llevar, y profetizar cosas que queremos que sucedan, aunque Dios no haya dicho nada al respecto. Creo que ésto es lo que estaba sucediendo incluso en el primer Siglo, y por eso Pablo escribió: *"No menospreciéis las profecías. Examinadlo todo; retened lo bueno"* (I Tesalonicenses 5:20-21).

Al respecto, en 1 Juan 4:1 leemos: *"Amados, no creáis a todo espíritu, sino probad los espíritus si son de Dios; porque muchos falsos profetas han salido por el mundo"*. Y aún así, Pablo escribió: *"Seguid el amor; y procurad los dones espirituales, pero sobre todo que profeticéis"* (1 Corintios 14:1).

Entonces, para resumir, debemos desear el don de Profecía, pero hay que estar muy seguros. Dios está hablando a través de nosotros, antes de que reclamemos algo como profecía.

Esdras con una misión

Esdras tenía la misión de restaurar el orden que Dios exigía en Su casa. Aunque nuestro Dios se mueve dentro del desorden, lo hace para establecer orden. Dios siempre ha sido un Dios exigente, celoso y lleno de detalles. Cuando da instrucciones, las da llenas de detalles. Por eso, la tarea de Esdras fue difícil. En la carta del rey a Esdras hay un descargo de responsabilidad muy importante, con respecto a la asignación que había recibido. Esdras 7:14 al 20 registra de este modo:

"Porque de parte del rey y de sus siete consejeros eres enviado a visitar a Judea y a Jerusalén, conforme a la ley de tu Dios que está en tu mano; y a llevar la plata y el oro que el rey y sus consejeros voluntariamente ofrecen al Dios de Israel, cuya morada está en Jerusalén, y toda la plata y el oro que halles en toda la provincia de Babilonia, con las ofrendas voluntarias del pueblo y de los sacerdotes, que voluntariamente ofrecieren para la casa de su Dios, la cual está en Jerusalén. Comprarás, pues, diligentemente con este dinero becerros, carneros y corderos, con sus ofrendas y sus libaciones, y los ofrecerás sobre el altar de la casa de vuestro Dios, la cual está en Jerusalén. Y lo que a ti y a tus hermanos os parezca hacer de la otra plata y oro, hacedlo conforme a la voluntad de vuestro Dios. Los utensilios que te son entregados para el servicio de la casa de tu Dios, los restituirás delante de Dios en Jerusalén. Y todo lo que se requiere para la casa de tu Dios, que te sea necesario dar, lo darás de la casa de los tesoros del rey".

Esdras fue el encargado de recolectar todas las donaciones y ofrendas destinadas a cubrir las necesidades de la reconstrucción del Templo.

Todos estamos llamados a colocar sacrificios sobre el altar, a través de la adoración, ofrendas, diezmos, etc. Cubrir todas las necesidades de los hombres de Dios es también una manera de adorar a Dios. El rey había decretado que todas las necesidades de Esdras, así como las de su pueblo fueran cubiertas, pero dio instrucciones claras de que las necesidades de la casa del Señor eran lo primero. Siempre ha sido cierto que en nuestro orden de servicio, lo primero es buscar el reino de Dios y Su justicia.

Muchas veces no vemos progreso financiero en nuestras vidas, porque no estamos cumpliendo primero con las necesidades de Dios. Parte de nuestro llamado es convertirnos en buenos administradores de todo lo que Él pone en nuestras manos. Las necesidades de los huérfanos y de las viudas no se cubren con la oración. Hay necesidades que los hijos de Dios debemos cubrir dentro de la comunidad de fe, y en los barrios donde vivimos. Como dice Jesús en Lucas 10:7, ". . .el trabajador es digno de su salario".

Podemos orar por los que tienen hambre, pero también debemos proporcionarles pan para satisfacer sus necesidades físicas. Como nos dice Santiago, el hermano del Señor: *"si un hermano o una hermana están desnudos, y tienen necesidad del mantenimiento de cada día, y alguno de vosotros les dice: Id en paz, calentaos y saciaos, pero no les dais las cosas que son necesarias para el cuerpo, ¿de qué aprovecha?"* (Santiago 2:15-16).

De la misma manera debemos apoyar los proyectos y ministerios de Dios. Eso es vivir en comunidad, y es también un signo de avivamiento. Lamentablemente, todavía hay muchos hijos de Dios que aún no han comprendido esta revelación. Por eso Dios sigue llamando al altar a aquellas personas que todavía tienen áreas de sus vidas que no han entregado.

Si Jesús viniera, y le pidiera que le mostrara su cuenta bancaria, ¿lo haría sin dudarlo? Recuerde, Él ya conoce sus hábitos de gasto de todos modos. O supongamos que usted viviera bajo una dictadura, donde el cristianismo esté prohibido, donde usted podría ser encarcelado por participar en evangelismo o cualquier otra actividad cristiana: ¿Cómo se sentiría si el Gobierno le exigiera revisar sus registros financieros? ¿Encontrarían pruebas suficientes para condenarlo a usted por ser cristiano? Si aún no lo has hecho, le insto a que ponga sus finanzas en el altar. Nuestros gastos deben reflejar nuestra fe. Después de todo, cuanto tenemos proviene de Dios. En realidad, Él es el dueño. Sólo lo estamos usando por este corto tiempo que Él nos da sobre la tierra.

Cuando damos una ofrenda a Dios, realmente le estamos devolviendo algo que ya es suyo. Es como cuando su hijo pequeño le pide unos dólares para comprarle un regalo de cumpleaños. El niño quiere demostrarle su amor, pero no tendría forma de comprare un regalo sin el dinero que le proporcionó. El regalo es del niño, pero el dinero con el que lo compró en realidad provino de usted. El dinero que le damos a Dios sólo está ahí porque Él nos bendijo. ¡Dios nos ha bendecido, no sólo porque nos ama, sino porque quiere que bendigamos a otros en Su nombre!

Regresando el orden a Judá

Otra responsabilidad que Dios le dio a Esdras fue establecer autoridad entre su pueblo, nombrando y ungiendo a personas para que fueran maestros y jueces. Admito que hay una gran diferencia entre la antigua Judá y los modernos Estados Unidos de América. Judá era una Teocracia, lo que significa que las leyes de la Nación eran las mismas que las leyes de Dios. Estados Unidos es una Democracia y, aunque la Nación está fundada sobre principios judeocristianos, no todos los estadounidenses son cristianos, ni siquiera creyentes.

Dicho esto, todavía es posible ayudar a elegir a personas que aman al Señor, y se guían por principios cristianos. Necesitamos votar por hombres y mujeres que sean honestos, dignos de confianza y que realmente crean en el servicio a los demás. Jesús dijo que cualquiera que quiera ser líder de todos, debe ser servidor de todos (Mateo 20:26).

¿Cómo podemos saber por quién votar? Debemos orar por ello y mantener los ojos y los oídos abiertos. En este momento, hay personas entre nosotros a quienes el Señor ha designado para ser líderes de esta generación y de la próxima. No sabemos sus nombres. Puede que ahora mismo estén en la escuela secundaria, o incluso más jóvenes, pero el llamado de Dios está sobre ellos. El tiempo de Dios es perfecto, y Él moverá todo lo que se necesite para que mañana estos líderes puedan servir a la sociedad en todo cuanto sea necesario. Dios cuenta con nosotros para "designarlos" como líderes piadosos en nuestras comunidades, Estados y Nación.

Otro grupo de personas que viven entre nosotros en este momento, son aquellos que servirán como líderes de la Iglesia. Son los pastores, evangelistas, profetas, misioneros, ancianos, diáconos y otros líderes de la iglesia del mañana. Se me hace un nudo en la garganta al pensar en los millones de almas que ganarán para el reino de Dios. Depende de nosotros animarlos, nutrirlos, enseñarles y, en resumen, darles todo lo que necesitan para que cumplan con el llamado que Dios les ha puesto. Podemos proporcionarles las armas y herramientas que necesitan para derribar las puertas del infierno, y liberar a los cautivos.

Lección #9 del Libro de Esdras

Entre sus muchas excelentes cualidades, Esdras fue un maestro poderoso. La Biblia dice: "Porque Esdras había preparado su corazón para inquirir la ley de Jehová y para cumplirla, y para enseñar en Israel sus estatutos y decretos". (Esdras 7:10). Como creyentes en Cristo, todos estamos llamados a enseñar Sus verdades. Como Pablo le escribió a Timoteo: *"Te encarezco delante de Dios y del Señor Jesucristo, que juzgará a los vivos y a los muertos en su manifestación y en su reino, que prediques la palabra; que instes a tiempo y fuera de tiempo; redarguye, reprende, exhorta con toda paciencia y doctrina"* (2 Timoteo 4:1-2). Incluso aquellos que son nuevos en la fe pueden enseñar las verdades básicas y ayudar a las personas a comprender cómo pueden ser salvas. Debemos estar listos para responder a las oportunidades de enseñanza que Dios pone ante nosotros todos los días, obedeciendo estas palabras del apóstol Pedro: *"sino santificad a Dios el Señor en vuestros corazones, y estad siempre preparados para presentar defensa con mansedumbre y reverencia ante todo el que os demande razón de la esperanza que hay en vosotros..."* (1 Pedro 3:15) Amen.

PREGUNTAS PARA LA REFLEXIÓN ESPIRITUAL

1. Refiera algunas ocasiones en las que Dios le ha dado ventaja en ciertas áreas, para que sea favorecido.

2. ¿Cuándo fue la última vez que se reunió con amigos para discutir la Palabra de Dios?

3. ¿Cómo se ha conectado con el llamado de liderazgo que Dios ha puesto en su corazón?

4. ¿Qué puede hacer para compartir el Evangelio con otros, a través del servicio a ellos?

____

____

____

5. ¿Está satisfecho con la cantidad de dinero que da al reino de Dios? Si no, ¿cómo cambiará sus hábitos de donación?

____

____

____

10

PROCLAMA TU AYUNO

"Y publiqué ayuno allí junto al río Ahava, para afligirnos delante de nuestro Dios, para solicitar de él camino derecho para nosotros, y para nuestros niños, y para todos nuestros bienes. Porque tuve vergüenza de pedir al rey tropa y gente de a caballo que nos defendiesen del enemigo en el camino; porque habíamos hablado al rey, diciendo: La mano de nuestro Dios es para bien sobre todos los que le buscan; mas su poder y su furor contra todos los que le abandonan. Ayunamos, pues, y pedimos a nuestro Dios sobre esto, y él nos fue propicio" (Esdras 8:21,23).

MIENTRAS SEGUIMOS OBSERVANDO EL VIAJE DEL pueblo de Israel a través del libro de Esdras, somos testigos de los pequeños y grandes gestos de Dios sobre sus hijos. Vemos propósitos celestiales dentro de las asignaciones terrenales. Podemos ver cómo hombres y mujeres han sido llamados en diferentes momentos, a ponerse a favor del pueblo de Dios.

Quizás alguna vez se hayas preguntado si tiene un propósito especial que cumplir aquí en la tierra. Creo que sí. De hecho, creo que a cada persona que alguna vez ha vivido, se le ha encomendado algo extremadamente importante que hacer, así como a Esdras se le dio la tarea de restaurar la adoración y el orden apropiados en la nación de Judá.

Eso no significa que todos realicen las tareas que se les han asignado. Millones de personas, en todo el mundo, le dan la espalda a Dios y nunca se detienen a considerar lo que Él podría querer que hicieran.

La asignación especial que se le ha dado, puede no parecer tan importante como la asignada a Esdras: transformar una Nación entera. Pero cuando llegue al Cielo, es posible que descubras que la suya era igual de importante a los ojos de Dios.

Es posible que se le haya asignado la tarea de decir la palabra correcta, en el momento adecuado, para darle esperanza a alguien e impedirle que cometa un acto de violencia. Es posible que haya plantado las semillas de la fe que brotaron en el corazón de alguien que luego se convirtió en un gran evangelista o misionero. Los grandes actos no siempre son obvios cuando suceden. Podría ser que sea elegido para proclamar un ayuno a favor de otros, de una ciudad o incluso de una Nación. Es extremadamente importante contar con las personas adecuadas para cumplir la voluntad de Dios.

Cuando Esdras iba camino a Jerusalén, se detuvo cerca del río. Al observar al pueblo que había decidido regresar con él a Judá, notó que no había ningún levita entre ellos. Inmediatamente nombró líderes sabios, y los envió a Iddo, el líder de Casifia, para solicitar servidores.

¿Por qué eran tan importantes los servidores? Para mantener el orden correcto de los sacrificios en el Templo. Era necesario tener personas en puestos específicos con responsabilidades preasignadas. El libro de Esdras resalta este asunto, así: *"Y cuando los albañiles del templo de Jehová echaban los cimientos, pusieron a los sacerdotes vestidos de sus ropas y con trompetas, y a los levitas hijos de Asaf con címbalos, para que alabasen a Jehová, según la ordenanza de David rey de Israel"* (Esdras 3:10). Hubo un perfecto orden de servicio para que todo se hiciera con excelencia. Los camareros eran un elemento clave para el orden del servicio, y Esdras lo sabía.

¡Qué bendición es tener a nuestro alrededor personas sabias y con un corazón de siervo! Servir a los demás es uno de los llamamientos más sorprendentes. Son personas que siempre se aseguran de que los demás estén bien, se aseguran de que todos hayan comido, están atentas a las necesidades de la comunidad, y son amadas por todos.

Una persona con un corazón de servicio es un excelente diácono en una iglesia. Animan a los nuevos creyentes, y ven que sus necesidades sean satisfechas; son excelentes maestros para niños y jóvenes; y, muchas veces son las personas que mantienen el Templo en óptimas condiciones.

La mayoría de los servidores del Templo hacían su trabajo por amor. Estas personas que fueron designadas por Esdras, completaban el grupo que entraría con él a Jerusalén. El Templo había sido restaurado y todas las bases estaban establecidas; ahora, era cuestión de ver que todo estuviera bajo el orden correcto establecido por Dios y la ley de Moisés.

¿Dónde estaban los levitas?

La mano de Dios estaba claramente sobre Esdras y los que viajaron con él desde Babilonia a Jerusalén. Dios los bendijo y cuidó en cada paso del camino. Me temo que aquellos de nosotros que vivimos en el siglo XXI no entendemos lo arduo que fue este viaje. Recuerde: ¡estas personas no tenían automóviles, motocicletas, bicicletas ni siquiera patines! En su mayor parte iban a pie. No había restaurantes de comida rápida, ni zonas de descanso a lo largo del camino donde pudieran tomar una hamburguesa y un refresco. No había señales de tráfico que les indicaran que estaban en el camino correcto, ni patrulleros de carreteras para ayudar a quienes tenían problemas. Había peligros por todas partes, pero el pueblo confió en el Señor su Dios, y Él los sacó a salvo.

Aun así, hubo al menos una gran decepción con la que Esdras tuvo que lidiar: ningún levita "se inscribió" para el viaje... (Esdras 8:15)

Recuerde que los Levitas eran los elegidos del Pueblo Elegido. Fueron apartados para dirigir el culto en la Casa de Dios. ¿Dónde estaban ellos? La Biblia no nos lo dice. Lo más probable es que estuvieran ocupados con sus deberes, cuidando su rebaño en Babilonia. Pero sin duda, algunos de ellos estaban tan ocupados, que realmente no se habían tomado el tiempo para escuchar la voz de Dios, para sentarse delante de Él y ver lo que Él quería que hicieran. No eran malos hombres. El hecho de que no se inscribieran para ir con Esdras, no significa que no amaran a Dios. Le estaban sirviendo allí en la tierra donde sus familias habían vivido durante 70 años.

Y sin embargo, me parece que el trabajo que Esdras estaba haciendo era tan importante, que debería haber tenido más que suficientes hombres voluntarios para ir con él. Debería haber tenido que decir: "Lo siento, hermanos, pero no puedo aceptarlos a todos. Algunos de ustedes tendrán que quedarse en Babilonia". Pero en cambio, no tenía ni un solo levita voluntario, y tuvo que enviar una delegación a Iddo, el líder de los levitas en Casifia, "para pedirle a él, a sus parientes y a los sirvientes del templo que nos enviaran ministros para el templo de Dios en Jerusalén."

Después de hacer esta solicitud, Esdras rápidamente consiguió los hombres que necesitaba... No quiero darles mucha importancia a los levitas desaparecidos, después de todo, la Biblia no lo hace. Pero sí creo que hay una lección importante que aprender aquí, y es que ningún ser humano es infalible, y eso incluye a los pastores y líderes de la Iglesia. Ellos, a veces cometen errores y toman decisiones equivocadas. Pero nos metemos en problemas cuando esperamos que nuestro "Clero" sea perfecto, cuando sólo Dios es perfecto. ¿Deberíamos exigir a nuestros predicadores, maestros y otros líderes un estándar más alto? ¡Absolutamente, Si! Pero recuerde siempre que los pastores también necesitan gracia… Es mejor que mantenga sus ojos en Dios. Él nunca le decepcionará.

El ayuno de Esdras

Ahora que el grupo que viajaba a Jerusalén estaba completo, Esdras proclamó un ayuno antes de continuar su camino.

> *Y publiqué ayuno allí junto al río Ahava, para afligirnos delante de nuestro Dios, para solicitar de él camino derecho para nosotros, y para nuestros niños, y para todos nuestros bienes.*

Porque tuve vergüenza de pedir al rey tropa y gente de a caballo que nos defendiesen del enemigo en el camino; porque habíamos hablado al rey, diciendo: La mano de nuestro Dios es para bien sobre todos los que le buscan; mas su poder y su furor contra todos los que le abandonan. Ayunamos, pues, y pedimos a nuestro Dios sobre esto, y él nos fue propicio." (Esdras 8:21-23).

Medidos por las palabras que confesamos

Esdras sabía que aquellos que confían en el Señor reciben Su protección. Era el momento de modelar lo que había predicado al pueblo de Dios: la importancia de la oración y el ayuno, y de agradecer la protección del Padre.

Le dijo al rey Artajerjes que estaba seguro de que Dios los protegería en su camino… De la misma manera, todos somos medidos por las palabras que confesamos y profesamos. Seremos etiquetados como hipócritas si decimos que confiamos en Dios, pero demostramos lo contrario a través de nuestras acciones. Muchas veces decimos una cosa, pero hacemos lo contrario; o sea, nuestras palabras no se sincronizan con nuestras acciones. Es de vital importancia que no sólo creamos en Dios, sino que le creamos a Dios. Si Él nos dice algo, debemos tomarlo en serio y creerlo realmente. Para la mayoría de los creyentes, el problema nunca ha sido creer en la existencia de Dios; el desafío ha sido creer en Sus promesas y seguir confiando en que, si Él lo dijo, lo hará, aunque nuestros ojos aún no lo hayan visto.

Recuerdo estas desafiantes palabras del libro de Santiago 2:19: *"Tú crees que Dios es uno; bien haces. También los demonios creen, y tiemblan"*. La creencia va mucho más allá del simple reconocimiento de la existencia de Dios. Es una fe inquebrantable en Su bondad y Sus promesas.

Es posible que quienes decidieron regresar a Jerusalén con Esdras, estaban plenamente conscientes de los peligros que enfrentaban, pero confiaron en Dios. Entonces, aunque el camino hacia Jerusalén estaba lleno de peligros, y Esdras contaba con la protección de Dios, recurrió a una de nuestras armas más poderosas: el ayuno.

El ayuno es una de las disciplinas espirituales que se enseñan en la Biblia. Jesús espera que sus seguidores ayunen, y dijo que Dios recompensa el ayuno.

¿Qué es el ayuno? Es reducir o eliminar toda ingesta de alimentos, u otros placeres, de forma voluntaria, durante un tiempo y finalidad determinados. En la Biblia, el ayuno siempre está relacionado con la oración. El ayuno puede liberar el poder sobrenatural de Dios. Es un arma que podemos usar cuando hay oposición a la voluntad de Dios. A Satanás le encanta causar división, malestar, miedo y derrota. Dios puede usar la oración y el ayuno para darles a Sus hijos la victoria sobre el diablo.

Si está enfrentando pruebas o desafíos, entonces el ayuno de Esdras es definitivamente algo que debe probar. Huir de sus problemas no funcionará. La victoria se obtiene enfrentándolos con la guianza y ayuda del Espíritu Santo. El ayuno no hará que sus problemas desaparezcan, ni los resolverá mágicamente, pero podemos ver, por la experiencia de Esdras, que Dios proporcionará una solución cuando lo busque a través de la oración y el ayuno.

Esdras enfrentaba un gran desafío y necesitaba que Dios lo protegiera a él y a todos los que estaban con él. Debía entregar los materiales necesarios para terminar de restaurar el Templo, que incluían 7.500 libras de oro y 25 toneladas de plata. ¿Puede imaginar la responsabilidad y el objetivo que tenían sobre sus hombros estos viajeros?. Había cientos de ladrones en el camino, esperando cometer el asalto del Siglo.

Mientras escribo estas palabras, el precio del oro es de poco menos de 2.000 dólares la onza; eso significa que una libra de oro vale 32.000 dólares; o sea que, el oro que transportaba el grupo de Esdras tendría un valor total de 24 millones de dólares en dinero de hoy. Agregue las 25 toneladas de plata (valor estimado de $ 19,2 millones) y podrá ver qué reto, qué responsabilidad para el equipo de Esdras… ¡y qué carga tan tentadora para los ladrones y asaltantes!…

Esdras 8:23 dice: *"Ayunamos, pues, y pedimos a nuestro Dios sobre esto, y él nos fue propicio"...* Dios les dio una respuesta. Les dijo a dónde tenían que ir y qué tenían que decir. Entró en detalles sobre cómo ocultar el oro y la plata a quienes querían robarlo todo.

Cuando ayunemos y oremos, Dios nos proporcionará soluciones, paso a paso, a problemas que no podemos resolver por nosotros mismos. Dios nos ayudará a superar las pruebas difíciles de la vida. Una vez más, no se ora ni se ayuna para escapar de los problemas, sino para encontrar una solución.

Esdras y su pueblo ayunaron por dos cosas específicas: conocimiento y protección. Estaban orando no sólo por ellos mismos, sino también por sus hijos y sus recursos, y Dios respondió. Dios salvó todos sus recursos. Los protegió de los ladrones y les enseñó cómo esconder su preciosa carga.

Cuando ayunamos y oramos, es posible que el problema no desaparezca, pero lo veremos a través de los ojos de Dios, y ese es un paso importante para superarlo. Es algo asombroso cuando Dios nos permite ver las pruebas a través de Sus ojos y nos muestra el camino hacia una solución.

El Ayuno y los Estados Unidos

Cuando los Estados Unidos apenas comenzaba a ocupar su lugar entre las naciones del mundo, el presidente John Adams ordenó que se reservara un día de ayuno. El 6 de marzo de 1799, el segundo presidente de los Estados Unidos emitió la siguiente proclama:

Como ninguna verdad se enseña más claramente en el Volumen de Inspiración, ni se demuestra más plenamente por la experiencia de todas las épocas, que un sentido profundo y un debido reconocimiento de la creciente providencia de un Ser Supremo y de la responsabilidad de los hombres ante Él. Como buscador de los corazones y justo distribuidor de recompensas y castigos, conducen igualmente a la felicidad de los individuos y al bienestar de las comunidades...

He considerado apropiado recomendar, y por la presente recomiendo en consecuencia, que el jueves, veinticinco de abril próximo, se observe en todos los Estados Unidos de América como un día de solemne humillación, ayuno y oración;

Que los ciudadanos en ese día se abstengan, en la medida de lo posible, de su ocupación secular, y dediquen el tiempo a los deberes sagrados de la religión, en público y en privado;

Que recuerden nuestras numerosas ofensas contra el Dios Altísimo, las confiesen ante Él con la más sincera penitencia, imploren su misericordia perdonadora, por medio del Gran Mediador y Redentor, por nuestras pasadas transgresiones, y que por la gracia de su Santo Espíritu, podemos estar dispuestos y capacitados para rendir una obediencia más adecuada a sus justas exigencias en el futuro; que Él intervendría para detener el progreso de esa impiedad y libertinaje en principio y práctica tan ofensiva para Él mismo y tan ruinosa para la humanidad;

Que nos haría profundamente conscientes de que "La justicia engrandece a la nación, pero el pecado es la deshonra de cualquier pueblo" (Proverbios 14:34).

Por su parte, durante la Guerra Civil, Abraham Lincoln proclamó tres días completos de ayuno. En la primera de esas proclamas, escribió:

"Y recomiendo sinceramente a todas las personas, y especialmente a todos los ministros y maestros de religión, de todas las denominaciones y a todos los jefes de familia, que observen y guarden ese día de acuerdo con sus diversos credos y modos de adoración con toda humildad, y con toda religiosa solemnidad, a fin de que la oración unida de la nación ascienda al Trono de Gracia, y derrame abundantes bendiciones sobre nuestra patria"[13].

Ciertamente, sabias palabras de parte del hombre ampliamente considerado como el mejor presidente de los Estados Unidos de todos los tiempos.

---

[13] https://www.presidency.ucsb.edu/ , "Proclamation 85, Proclaiming Day of National Humiliation, Prayer and Fasting by Gerhard Peters and John T Woolley.

¿Qué puede hacer el ayuno?

El ayuno tiene un propósito principal: acercarnos a Dios. Es un tiempo que dedicamos a la oración y la comunión con el Padre. Sometemos nuestros cuerpos a la obediencia, y nos negamos a ciertas cosas para dar paso a que Dios se acerque a nosotros. Debemos entender que el ayuno es voluntario, y es clave para fortalecer nuestra vida espiritual. Es una de las mejores herramientas para conocer a Dios, Lastimosamente hemos dejado de promocionarla. Sin embargo, todavía hay muchas congregaciones que hacen veintiún días de ayuno. Oran y ayunan juntos como comunidad. Sin embargo, no todos los creyentes lo implementan como una herramienta cotidiana. No se está enseñando lo suficiente.

La Biblia incluye muchos ejemplos de victorias que se obtuvieron mediante el ayuno y la oración. Uno de ellos se encuentra en el Capítulo 20 de 2 Crónicas, cuando los ejércitos de los moabitas, los amonitas y los del monte de Seir declararon la guerra a Judá. El rey Josafat de Judá quedó aterrorizado cuando oyó que un gran ejército avanzaba hacia él. Su respuesta a la amenaza fue ordenar a todos en Judá que comenzaran a ayunar. La Biblia dice que gente de todos los pueblos de Judá vino a Jerusalén para buscar la ayuda del Señor.

"Entonces Josafat se puso en pie en la asamblea de Judá y de Jerusalén, en la casa de Jehová, delante del atrio nuevo; y dijo: Jehová Dios de nuestros

padres, ¿no eres tú Dios en los cielos, y tienes dominio sobre todos los reinos de las naciones? ¿No está en tu mano tal fuerza y poder, que no hay quien te resista? Dios nuestro, ¿no echaste tú los moradores de esta tierra delante de tu pueblo Israel, y la diste a la descendencia de Abraham tu amigo para siempre? Y ellos han habitado en ella, y te han edificado en ella santuario a tu nombre, diciendo: Si mal viniere sobre nosotros, o espada de castigo, o pestilencia, o hambre, nos presentaremos delante de esta casa, y delante de ti (porque tu nombre está en esta casa), y a causa de nuestras tribulaciones clamaremos a ti, y tú nos oirás y salvarás. Ahora, pues, he aquí los hijos de Amón y de Moab, y los del monte de Seir, a cuya tierra no quisiste que pasase Israel cuando venía de la tierra de Egipto, sino que se apartase de ellos, y no los destruyese; he aquí ellos nos dan el pago viniendo a arrojarnos de la heredad que tú nos diste en posesión. ¡Oh Dios nuestro! ¿no los juzgarás tú? Porque en nosotros no hay fuerza contra tan grande multitud que viene contra nosotros; no sabemos qué hacer, y a ti volvemos nuestros ojos" (2 Crónicas 20:5-12).

La Biblia dice que mientras el pueblo de Judá estaba delante del Señor, el Espíritu del Señor vino sobre uno de los hombres.

"y dijo: Oíd, Judá todo, y vosotros moradores de Jerusalén, y tú, rey Josafat. Jehová os dice así: No temáis ni os amedrentéis delante de esta multitud tan grande, porque no es vuestra la guerra, sino de Dios. [16] Mañana descenderéis contra ellos; he aquí que ellos subirán por la cuesta de Sis, y los hallaréis junto al arroyo, antes del desierto de Jeruel. No habrá para qué peleéis vosotros en este caso; paraos, estad quietos, y ved la salvación de Jehová con vosotros. Oh Judá y Jerusalén, no temáis ni desmayéis; salid mañana contra ellos, porque Jehová estará con vosotros.

Entonces Josafat se inclinó rostro a tierra, y asimismo todo Judá y los moradores de Jerusalén se postraron delante de Jehová, y adoraron a Jehová. Y se levantaron los levitas de los hijos de Coat y de los hijos de Coré, para alabar a Jehová el Dios de Israel con fuerte y alta voz.

Y cuando se levantaron por la mañana, salieron al desierto de Tecoa. Y mientras ellos salían, Josafat, estando en pie, dijo: Oídme, Judá y moradores de Jerusalén. Creed en Jehová vuestro Dios, y estaréis seguros; creed a sus profetas, y seréis prosperados. Y habido consejo con el pueblo, puso a algunos que cantasen y alabasen a Jehová, vestidos de ornamentos sagrados, mientras salía la gente armada, y que dijesen:

Glorificad a Jehová, porque su misericordia es para siempre. Y cuando comenzaron a entonar cantos de alabanza, Jehová puso contra los hijos de Amón, de Moab y del monte de Seir, las emboscadas de ellos mismos que venían contra Judá, y se mataron los unos a los otros. Porque los hijos de Amón y Moab se levantaron contra los del monte de Seir para matarlos y destruirlos; y cuando hubieron acabado con los del monte de Seir, cada cual ayudó a la destrucción de su compañero.

Y luego que vino Judá a la torre del desierto, miraron hacia la multitud, y he aquí yacían ellos en tierra muertos, pues ninguno había escapado. Viniendo entonces Josafat y su pueblo a despojarlos, hallaron entre los cadáveres muchas riquezas, así vestidos como alhajas preciosas, que tomaron para sí, tantos, que no los podían llevar; tres días estuvieron recogiendo el botín, porque era mucho. Y al cuarto día se juntaron en el valle de Beraca; porque allí bendijeron a Jehová, y por esto llamaron el nombre de aquel paraje el valle de Beraca,[a] hasta hoy" (2 Crónicas 20:15-26).

La Biblia está llena de historias sobre personas que han buscado al Señor mediante el ayuno y la oración. Cuando Nehemías escuchó que gran parte de Jerusalén había sido destruida, inmediatamente comenzó a ayunar y orar por la reconstrucción de la ciudad santa:

"Y dije: Te ruego, oh Jehová, Dios de los cielos, fuerte, grande y temible, que guarda el pacto y la misericordia a los que le aman y guardan sus mandamientos; esté ahora atento tu oído y abiertos tus ojos para oír la oración de tu siervo, que hago ahora delante de ti día y noche, por los hijos de Israel tus siervos; y confieso los pecados de los hijos de Israel que hemos cometido contra ti; sí, yo y la casa de mi padre hemos pecado. En extremo nos hemos corrompido contra ti, y no hemos guardado los mandamientos, estatutos y preceptos que diste a Moisés tu siervo. Acuérdate ahora de la palabra que diste a Moisés tu siervo, diciendo: Si vosotros pecareis, yo os dispersaré por los pueblos; pero si os volviereis a mí, y guardareis mis mandamientos, y los pusiereis por obra, aunque vuestra dispersión fuere hasta el extremo de los cielos, de allí os recogeré, y os traeré al lugar que escogí para hacer habitar allí mi nombre" (Nehemías 1:5-9).

Ester, Mardoqueo y los judíos de toda Persia ayunaron al escuchar la noticia del complot de Amán para exterminarlos (Ester 4:3). La reina Ester hizo un ayuno completo antes de presentarse ante el rey, para pedir misericordia para su pueblo, y pidió a todo su pueblo que se unieran a ella: *"Ve y reúne a todos los judíos que se hallan en Susa, y ayunad por mí, y no comáis ni bebáis en tres días, noche y día; yo también con mis doncellas ayunaré igualmente, y entonces entraré a ver al rey, aunque no sea conforme a la ley; y si perezco, que perezca"* (Ester 4:16). Ester ayunó para obtener la cobertura y protección de Dios. Recibió gracia y favor, y fue intermediaria en beneficio del pueblo de Dios.

Daniel también practicó diferentes tipos de ayuno. Uno de ellos fue no comer ciertos alimentos, y el otro fue cuando se negó a usar perfume durante tres semanas (Daniel 10:2-3). Recordemos que Daniel y sus jóvenes amigos, fueron elegidos para participar en un programa especial de capacitación establecido por el rey. El plan de Nabucodonosor era entrenarlos durante tres años, y luego incorporarlos al servicio real.

A Daniel y sus amigos se les ofreció la misma comida y vino que se le proporcionó al rey Nabucodonosor; pero lo rechazaron, porque temían que pudiera contaminarlos. No tenían idea de si la comida que les ofrecieron contradeciría alguna de las leyes dietéticas transmitidas por Moisés, pero no estaban dispuestos a correr ningún riesgo... Después de diez días de comer sólo verduras y agua, se descubrió que Daniel y sus tres amigos estaban más saludables que los otros jóvenes que disfrutaban regularmente de comida digna de un rey. (Daniel 1:15). Su "ayuno" no los había perjudicado, sino que más bien los había fortalecido.

Recuerde también que después de ser bautizado por su primo Juan Bautista, Jesús fue al desierto donde ayunó durante 40 días y 40 noches. En lo que debe ser un eufemismo, la Biblia dice que "tuvo mucha hambre"… Fue durante este tiempo que Satanás lo tentó de varias maneras, pero Jesús contraatacó con el poder de las Escrituras, y lo derrotó. Si Jesús pensó que el ayuno era tan importante que lo mantuvo durante 40 días, entonces a lo mejor es igualmente importante para nosotros, sus seguidores.

Hay muchos beneficios espirituales que se obtienen mediante el ayuno. El espíritu se fortalece. La relación con Dios se vuelve más sólida. Las mentiras que el enemigo usa contra nosotros quedan destrozadas. Nos sumergimos profundamente en las dimensiones espirituales y desarrollamos un nuevo lenguaje de amor con Dios. Además:

- El ayuno es una forma bíblica de humillarse ante Dios. El rey David dijo: "Me humillé con el ayuno" (Salmo 35:13, NVI).

- El ayuno permite que el Espíritu Santo revele nuestra verdadera condición espiritual, lo que resulta en quebrantamiento, arrepentimiento y una vida transformada.

• Nuestra confianza y fe en Dios se fortalecerán. Nos sentiremos renovados mental, espiritual y físicamente.

Conociendo mejor a Dios

En el mundo natural, cuanto más nos acercamos a una persona, más la conocemos. Llegamos a saber cómo hacen las cosas, cómo piensan, y cómo funciona su corazón. Lo mismo sucede en el ámbito espiritual. A medida que nos acerquemos a Dios, desarrollaremos la capacidad de distinguir Su voz, Sus deseos y la voluntad que Él tiene para nuestra vida. En el Capítulo 6 de Mateo, Jesús dice lo siguiente respecto del ayuno:

> *"Cuando ayunéis, no seáis austeros, como los hipócritas; porque ellos demudan sus rostros para mostrar a los hombres que ayunan; de cierto os digo que ya tienen su recompensa. Pero tú, cuando ayunes, unge tu cabeza y lava tu rostro, para no mostrar a los hombres que ayunas, sino a tu Padre que está en secreto; y tu Padre que ve en lo secreto te recompensará en público"* *(Mateo 6:16-18).*

Me parece realmente interesante la frecuencia con la que Jesús habla de la importancia de tener los motivos adecuados en todo lo que hacemos. Ayunar es algo bueno, a menos que se haga por una razón equivocada, que es hacer que la gente piense que somos más espirituales de lo que realmente somos. ¿Y qué podría ser más importante que la oración: ¿hablar con Dios, escuchar Su voz y conocerlo mejor? Y, sin embargo, Jesús tuvo palabras duras para aquellos que hacen oraciones elevadas y elocuentes porque quieren que la gente diga: "¡Esa fue una hermosa oración!"… Sus mentes y corazones no están realmente centrados en Dios en absoluto, por lo que sus "hermosas" oraciones son blasfemas.

Dar también es una hermosa manera de adorar a Dios. Pero el Libro de los Hechos cuenta la historia de Ananías y Safira, quienes vendieron algunas propiedades y dieron parte de las ganancias a la iglesia local. Pero luego mintieron y dijeron que estaban dando todas sus ganancias a la Iglesia. Su motivo no era realmente apoyar el ministerio de la iglesia, sino obtener las alabanzas de los hombres – y pagaron con sus vidas. (Hechos 5:1-11)

Es muy importante guardar nuestro corazón y verificar nuestros motivos, para asegurarnos de que nuestras acciones tengan como objetivo honrar a Dios.

Redescubriendo el ayuno

Desafortunadamente, en su mayor parte, el ayuno como herramienta para acercarse a Dios se ha perdido. Vemos gente que lo utiliza para realizar milagros y obtener bendiciones materiales. Es como si la consideraran como una especie de magia. El tiempo que dedicamos a ayunar debe centrarse en Dios, no en nosotros mismos. Toda la atención y adoración debe centrarse en el Padre.

Cuando se concentra en Él, todo su espíritu, alma y cuerpo recibe nutrientes y bálsamo espiritual. Esto le facilitará resistir los ataques y las tentaciones del enemigo. Como dice Isaías 26:3: *"Tú guardarás en completa paz a aquel cuyo pensamiento en ti persevera; porque en ti ha confiado"*.

El ayuno no es una forma "mágica" de obtener lo que quieres de Dios, aunque he escuchado enseñanzas que hacen que parezca que así es. Como ocurre con muchos otros asuntos espirituales, nuestra motivación es de suma importancia. Ayunamos porque amamos a Dios, y queremos acercarnos a Él. Ayunamos porque acercarnos a Dios mejorará nuestra vida de oración, y cuando nuestras oraciones están de acuerdo con la voluntad de Dios, son más poderosas y efectivas.

Creo que Dios anhela darle a su pueblo milagros de sanidad, bendiciones financieras, restauración de matrimonios y relaciones familiares, y mucho, mucho más. Pero no debemos intentar manipularlo, ni encontrar una fórmula segura para obtener lo que queremos de Él. Después de todo, Él es Dios y nosotros somos Sus siervos, y no al revés. Irónicamente, cuando quitamos los ojos de nosotros mismos y nos concentramos en Dios, Él derrama bendiciones sobre nosotros.

Personalmente, muchas veces he visto los beneficios de la oración y el ayuno en mi propia vida, y en la vida de mis hermanos y hermanas en la familia de Dios. Recuerdo en particular a una querida mujer que sintió como si hubiera perdido el contacto con Dios. Por alguna razón, la cercanía que siempre había experimentado con Él, había desaparecido. Decidió buscar al Señor viajando a una pequeña comunidad en una zona remota, donde podía pasar tiempo, en su habitación, a solas con el Señor, ayunando y orando. Pasaron cuatro días y no pasó nada. Luego, al quinto día, mientras oraba, sintió una conmoción en su alma. Abrió los ojos y vio que su habitación estaba llena de un resplandor rosado… *"Sabía que las paredes eran azules, no rosadas", dijo, "así que cerré los ojos y los abrí de nuevo. El brillo rosado todavía estaba allí. Era real".* También supo de inmediato que el brillo en su habitación era una señal de la presencia de Dios. Podía sentirlo nuevamente. ¿Dónde había estado? Allí mismo, donde Él siempre está. Pero como sucede a veces, algo había cerrado las líneas de comunicación. El ayuno y la oración las habían abierto nuevamente.

Sí, hay poder en el ayuno y la oración. Es por eso por lo que Esdras hizo que el pueblo se humillara y ayunara al entrar a la presencia de Dios. *"Ayunamos, pues, y pedimos a nuestro Dios sobre esto, y él nos fue propicio"* (Esdras 8:23). Es sorprendente pensar que pudieron llegar a Jerusalén sin que una sola persona resultara herida. Esto fue sólo porque Dios los protegió durante todo el camino.

La Palabra dice que Dios escuchó y respondió todas sus oraciones debido al ayuno que realizaron.

Todos tenemos que enfrentar diferentes pruebas y desafíos en la vida, y necesitaremos usar las herramientas que nos acerquen a Dios. La única manera de conocer mejor el corazón del Padre es dedicándole tiempo.

El ayuno voluntario también es un signo de avivamiento. Es una de las mejores maneras de reconstruir nuestros altares y nuestra relación con Dios. Si no fuera una herramienta clave, no se mencionaría tantas veces en la Biblia.

Recordemos, en Mateo 6:17–18 dice: *"Pero tú, cuando ayunes, unge tu cabeza y lava tu rostro, para no mostrar a los hombres que ayunas, sino a tu Padre que está en secreto; y tu Padre que ve en lo secreto te recompensará en público"*. ¡Dios no sólo nos escucha, sino que también nos ve!. Tenemos toda su atención. El ayuno es una excelente manera de mostrarle a Dios que Él es primero y más importante que cualquier otra cosa en nuestra vida…

Cuando ayune, Dios ordenará sus pasos y le dará la victoria.

Lección #10 del Libro de Esdras

Cuando escuchamos a la gente hablar sobre el ayuno, la mayoría de nosotros pensamos en pasar sin comer. Pero un ayuno puede realizarse sin nada que considere una parte importante de su vida. Aquí tienes una idea para un ayuno que puede beneficiar a toda su familia:

¿Por qué no probar un "ayuno mediático" una noche a la semana? Esto significa no radio, no televisión ni lectura de periódicos o revistas de noticias. ¿Qué tal los teléfonos móviles? Eso es algo que usted y su familia deciden, pero le sugiero que le diga a sus amigos y familiares que no contestará llamadas en la noche elegida. (Es posible que se le ocurra un sistema para recibir llamadas urgentes). Realizar un ayuno mediático le brindará a su familia la oportunidad de leer juntos (especialmente la Biblia), orar juntos, y hacer juntos juegos de mesa saludables. Le dará a usted y a su familia la oportunidad de conocerse mejor y acercarse a Dios.

PREGUNTAS GUÍA PARA LA REFLEXIÓN ESPIRITUAL

1. ¿Utiliza el ayuno como herramienta para acercarse a Dios?

2. ¿Hace del ayuno una disciplina espiritual regular? Si es así, ¿con qué frecuencia ayuna? ¿Semanalmente? ¿Mensual?

3. ¿Cómo se ha beneficiado de estos tiempos especiales de ayuno? ¿Cómo se ha acercado a Dios?

4. Cuando ha estado separado de Dios, ¿cómo ha visto Su respuesta en su vida?

____

____

____

5. ¿Qué otras herramientas espirituales utiliza como parte de su intimidad con Dios?

____

____

____

11

LA ORACIÓN JUSTA

"Y a la hora del sacrificio de la tarde me levanté de mi aflicción, y habiendo rasgado mi vestido y mi manto, me postré de rodillas, y extendí mis manos a Jehová mi Dios." *(Esdras 9:5)*

PROBABLEMENTE HAYA ESCUCHADO LA FAMOSA definición de "locura", que dice que es hacer lo mismo una y otra vez, y esperar resultados diferentes. Aunque esta definición suele atribuirse al gran físico Albert Einstein, en realidad no hay pruebas de que las palabras vengan de él. ¡Pero quien haya dicho ésto, fue muy inteligente!

Locura es también lo que encontramos en el Capítulo noveno del libro de Esdras. Una vez que Esdras y sus líderes llegaron a Jerusalén, observaron que el pueblo, una vez más, había pecado contra Dios y Sus estatutos. Como escribió Esdras:

> *"Acabadas estas cosas, los príncipes vinieron a mí, diciendo: El pueblo de Israel y los sacerdotes y levitas no se han separado de los pueblos de las tierras, de los cananeos, heteos, ferezeos, jebuseos, amonitas, moabitas, egipcios y amorreos, y hacen conforme a sus abominaciones. [2] Porque han tomado de las hijas de ellos para sí y para sus hijos, y el linaje santo ha sido mezclado con los pueblos de las tierras; y la mano de los príncipes y de los gobernadores ha sido la primera en cometer este pecado"* (Esdras 9:1–2).

Una vez más, estaban practicando las conductas que les habían hecho vivir setenta años de cautiverio en Babilonia. El pueblo de Israel había ignorado la exigencia de Dios, de que no se mezclaran con las razas paganas que vivían en el Medio Oriente. No sólo se estaban casando con estas tribus, sino que también estaban mezclando sus mitos religiosos, con las verdades que Moisés les había enseñado.

Resulta alucinante leer la historia de los Hijos de Israel, y ver cómo continuaron repitiendo los mismos errores una y otra vez. No pecaron por ignorancia, o por no tener el conocimiento; tenían consciencia de los errores que estaban cometiendo, pero seguían repitiéndolos. A pesar de todo, Dios trató desesperadamente de llamar su atención, pero ellos se negaron a escuchar. Se arrepentían y buscaban vivir de acuerdo con las leyes de Dios por un tiempo (a veces por muy poco tiempo) y luego volvían a caer en el pecado y la desobediencia.

Hace poco vi un video que me hizo comprender este punto. El video mostraba a un pastor que cuidaba ovejas, en un terreno accidentado en el actual Medio Oriente. Un cordero revoltoso no miraba por dónde iba, y cayó en una zanja estrecha de unos cuatro pies de profundidad. No importa cuánto se retorciera, no podía salir de esa trinchera. ¡Estaba completamente atrapado!... Pero el pastor fue a rescatarlo. No le fue fácil, pero logró sacar al cordero de la trinchera y ponerlo en terreno seguro. El animal estaba tan feliz de ser libre, que salió corriendo. ¿Y adivine qué? ¡No había dado más de cuatro o cinco pasos cuando cayó en otra trinchera!. El pastor estaba exasperado, por supuesto, pero también tuvo compasión por la oveja, y nuevamente intervino para rescatarla.

¡Cuán parecido a Jesús, nuestro Buen Pastor! La escena anterior ilustra la misericordia y la gracia que nuestro Salvador ha mostrado, tanto hacia Israel como Nación, o individualmente hacia usted y hacia mí como cristianos. Puede que tropecemos una y otra vez porque no seguimos con cuidado el "camino de la justicia", pero Él siempre está listo para rescatarnos.

Cuando Esdras escuchó la noticia sobre cómo se estaban comportando los hijos de Israel, su corazón se hizo añicos. Su dolor y frustración eran evidentes. Como dice la Palabra, se rasgó la ropa, se rapó la cabeza y la barba, y confundido y enojado, se sentó en el suelo. ¿Cómo era posible que a su pueblo se le diera la oportunidad de vivir en libertad y ser restaurado, y regresara al comportamiento que había provocado la furia de Dios, y lo había llevado a setenta años de cautiverio? Parecía una locura. No habían aprendido nada de sus errores pasados...

Me pregunto cuántos de nosotros vemos el mismo tipo de conducta en nuestras propias vidas. ¿Hemos caído también nosotros en hacer las mismas cosas que siempre hemos hecho, pero esperando que Dios haga algo diferente? Mi opinión es que sí. Por alguna razón, parece que no aprendemos de nuestros errores. Muchos de los hijos de Dios continúan luchando contra los mismos gigantes, las mismas pruebas, regresan a las mismas circunstancias y parecen olvidar el precio que tuvieron que pagar, y las cosas que tuvieron que afrontar a causa de sus pecados.

Como el Apóstol Pedro escribe en 2 Pedro 2:20-22... *"Ciertamente, si habiéndose ellos escapado de las contaminaciones del mundo, por el conocimiento del Señor y Salvador Jesucristo, enredándose otra vez en ellas son vencidos, su postrer estado viene a ser peor que el primero. Porque mejor les hubiera sido no haber conocido el camino de la justicia, que después de haberlo conocido, volverse atrás del santo mandamiento que les fue dado. Pero les ha acontecido lo del verdadero proverbio:*

El perro vuelve a su vómito, y la puerca lavada a revolcarse en el cieno".

Incluso algunos de los más grandes héroes de la Biblia fueron culpables de engaño. Abraham dijo que su esposa Sara era su hermana, porque era hermosa y tenía miedo de que alguien lo matara para robársela. Esta historia se cuenta en Genesis 12:11–13: *"Y aconteció que cuando estaba para entrar en Egipto, dijo a Sarai su mujer: He aquí, ahora conozco que eres mujer de hermoso aspecto; 12 y cuando te vean los egipcios, dirán: Su mujer es; y me matarán a mí, y a ti te reservarán la vida. 13 Ahora, pues, di que eres mi hermana, para que me vaya bien por causa tuya, y viva mi alma por causa de ti".*

Como probablemente sepa, este engaño no funcionó muy bien para Abraham ni para Saraí (cuyo nombre luego sería cambiado a Sara). La historia continúa en los siguientes versos:

"Y aconteció que cuando entró Abram en Egipto, los egipcios vieron que la mujer era hermosa en gran manera. También la vieron los príncipes de Faraón, y la alabaron delante de él; y fue llevada la mujer a casa de Faraón. E hizo bien a Abram por causa de ella; y él tuvo ovejas, vacas, asnos, siervos, criadas, asnas y camellos. Mas Jehová hirió a Faraón y a su casa con grandes plagas, por causa de Sarai mujer de Abram. Entonces Faraón llamó a Abram, y le dijo: ¿Qué es

esto que has hecho conmigo? ¿Por qué no me declaraste que era tu mujer? ¿Por qué dijiste: Es mi hermana, poniéndome en ocasión de tomarla para mí por mujer? Ahora, pues, he aquí tu mujer; tómala, y vete" (Genesis 12:14-19).

Creo que es sólo porque Dios estaba con él, que Abraham escapó de ser asesinado por el Faraón, debido a su deshonestidad. Pero Abraham no aprendió de su error. En el Capítulo 20 del Génesis encontramos que una vez más mintió sobre Sara, por la misma razón. Después de decirle a todos que Sara era su hermana, el rey Abimelec de Gerar la tomó por esposa. Estoy seguro de que el Señor estaba frustrado por esto. ¿Y qué pasa con la pobre Sarah, quien debe haber estado más que irritada, porque su esposo, aparentemente no la amaba lo suficiente, pues no se levantó para luchar por ella?... Afortunadamente para Abraham, Dios intervino y Sara fue rescatada de su difícil situación.

Lastimosamente, el pecado y la maldición de Abraham fueron transferidos a su hijo, Isaac, quien se puso él mismo y a su esposa también en peligro, al mentir sobre su relación. Veamos: *"Habitó, pues, Isaac en Gerar. Y los hombres de aquel lugar le preguntaron acerca de su mujer; y él respondió: Es mi hermana; porque tuvo miedo de decir: Es mi mujer; pensando que tal vez los hombres del lugar lo matarían por causa de Rebeca, pues ella era de hermoso aspecto. Sucedió que después que él estuvo allí muchos días, Abimelec, rey de los filisteos, mirando por una ventana, vio a Isaac que acariciaba a Rebeca su mujer. Y llamó Abimelec a Isaac, y dijo: He aquí ella es de cierto tu mujer. ¿Cómo, pues, dijiste: Es mi hermana? E Isaac le respondió: Porque dije: Quizá moriré por causa de ella. Y Abimelec dijo: ¿Por qué nos has hecho esto? Por poco hubiera dormido alguno del pueblo con tu mujer, y hubieras traído sobre nosotros el pecado"* (Genesis 26:6–10).

Tanto el padre como el hijo (Abraham e Isaac) utilizaron el engaño en lugar de depender de la protección de Dios. Sus mentiras pusieron en peligro a sus esposas, y podrían haber inducido a otros hombres a pecar. Y, lamentablemente, esta misma conducta se repitió en la tercera generación, cuando Jacob engañó a su padre Isaac para robarle la bendición a su hermano. Ese fue su primer engaño. Por esta razón, también fue engañado cuando trabajó siete años para obtener la mano de Raquel en matrimonio, pero en su lugar le fue entregada su hermana Lea.

Este es un ejemplo perfecto de cómo nuestra conducta impía puede causar adversidad para nosotros y nuestra posteridad.

Esto es exactamente lo que les pasó a los hijos de Israel. No fueron capaces de evitar las maldiciones que repitieron sus antepasados. Esta fue una Nación que creció en cautiverio, lejos de la tierra prometida, lejos del Templo de Dios; y cuando tuvieron la oportunidad de regresar y restaurar el Templo, y cambiar su destino, continuaron repitiendo patrones desafortunados del pasado.

Cuando escuchó acerca de los pecados que el pueblo había cometido, Esdras se sentó en el suelo muy confundido y molesto. Fue tan fuerte la desilusión en su corazón que la Palabra dice:

"Y se me juntaron todos los que temían las palabras del Dios de Israel, a causa de la prevaricación de los del cautiverio; mas yo estuve muy angustiado hasta la hora del sacrificio de la tarde" (Esdras 9:4).

Aunque mucha gente estaba pecando, todavía había un grupo de personas que obedecían los mandamientos de Dios. Este pueblo se unió a Esdras hasta en la tarde, llegó el momento de ofrecer sacrificios a Jehová.

Dios eligió a Esdras para que se convirtiera en el protector de la Ley, y como Moisés antes que él, en un intercesor de los hijos de Israel. El corazón del sacerdote estaba quebrantado, por la forma en que el propio pueblo había ignorado los mandamientos que Dios les había dado. Era como si se estuvieran burlando de Él, y desafiándolo a hacer algo al respecto. Aun así, Esdras sabía que un regreso a la pureza y la obediencia, los pondría nuevamente en el camino de la rectitud, así como leer y meditar en las Escrituras, los ayudaría a mantener los ojos en Dios.

En ese momento era necesario que Esdras se presentara ante Dios, para orar por los pecados que habían cometido sus compañeros judíos. Su oración surgió de un corazón triste y avergonzado, pero que también conocía la paciencia y la misericordia de Dios. Esta oración, que es ampliamente considerada como una de las grandes oraciones intercesoras de la Biblia, está registrada en el Capítulo noveno de Esdras:

"y dije:

Dios mío, confuso y avergonzado estoy para levantar, oh Dios mío, mi rostro a ti, porque nuestras iniquidades se han multiplicado sobre nuestra cabeza, y nuestros delitos han crecido hasta el cielo. Desde los días de nuestros padres hasta este día hemos vivido en gran pecado; y por nuestras iniquidades nosotros, nuestros reyes y nuestros sacerdotes hemos sido entregados en manos de los reyes de las tierras, a espada, a cautiverio, a robo, y a vergüenza que cubre nuestro rostro, como hoy día. Y ahora por un breve momento ha habido misericordia de parte de Jehová nuestro Dios, para hacer que nos quedase un remanente libre, y para darnos un lugar seguro en su santuario, a fin de alumbrar nuestro Dios nuestros ojos y darnos un poco de vida en nuestra servidumbre. Porque siervos somos; mas en nuestra servidumbre no nos ha desamparado nuestro Dios, sino que inclinó sobre nosotros su misericordia delante de los reyes de Persia, para que se nos diese vida para levantar la casa de nuestro Dios y restaurar sus ruinas, y darnos protección en Judá y en Jerusalén.

Pero ahora, ¿qué diremos, oh Dios nuestro, después de esto? Porque nosotros hemos dejado tus mandamientos, que prescribiste por medio de tus siervos los profetas, diciendo: La tierra a la cual entráis para poseerla, tierra inmunda es a causa de la inmundicia de los pueblos de aquellas regiones, por las abominaciones de que la han llenado de uno a otro extremo con su inmundicia. Ahora, pues, no daréis vuestras hijas a los hijos de ellos, ni sus hijas tomaréis para vuestros hijos, ni procuraréis jamás su paz ni su prosperidad; para que seáis fuertes y comáis el bien de la tierra, y la dejéis por heredad a vuestros hijos para siempre. Mas después de todo lo que nos ha sobrevenido a causa de nuestras malas obras, y a causa de nuestro gran pecado, ya que tú, Dios nuestro, no nos has castigado de acuerdo con nuestras iniquidades, y nos diste un remanente como este, ¿hemos de volver a infringir tus mandamientos, y a emparentar con pueblos que cometen estas abominaciones? ¿No te indignarías contra nosotros hasta consumirnos, sin que

quedara remanente ni quien escape? Oh
Jehová Dios de Israel, tú eres justo, puesto
que hemos quedado un remanente que ha
escapado, como en este día. Henos aquí
delante de ti en nuestros delitos; porque no
es posible estar en tu presencia a causa de
esto"(Esdras 9:6-15).

La oración de Esdras fue una súplica de perdón y
misericordia. Reconoció los pecados del pueblo de Dios,
y fue consciente de que todo estaba en contra de ellos.
Lo que es más interesante para mí acerca de la oración
de Esdras, es que él se consideraba entre los culpables,
aunque en realidad no había participado en el comportamiento pecaminoso que era tan ofensivo para Dios. No
trató de ponerse excusas, ni de recordarle al Señor que
era inocente. De esta manera, Esdras fue un tipo de Cristo,
quien, aunque sin pecado, se entregó a sí mismo como
sacrificio por nuestros pecados. Esto nos da una maravillosa visión del carácter de Esdras. Como dijo Jesús,
*"Nadie tiene mayor amor que este, que uno ponga su vida por
sus amigos"* (Juan 15:13). *Y Pablo añadió, "Ciertamente,
apenas morirá alguno por un justo; con todo, pudiera ser que
alguno osara morir por el bueno. Mas Dios muestra su amor
para con nosotros, en que siendo aún pecadores, Cristo murió
por nosotros"* (Romanos 5:7-8). Esta era la clase de amor
que Esdras tenía por sus compatriotas. En lugar de poner
excusas, cuando oraba, recordaba las instrucciones que
Dios había dado a través de sus profetas: instrucciones
claras y precisas que habían sido ignoradas.

Hoy contamos con la Biblia completa que es nuestro resumen de las expectativas, estatutos y mandamientos de Dios. Debemos tener cuidado de no hacer lo que hicieron los antiguos de Israel, ni desatender lo que Dios nos está diciendo a través de Su Santa Palabra.

Otra cosa importante para tener en cuenta acerca de la oración de Esdras, es que es un ejemplo brillante de cómo entrar en la presencia de Dios, para pedir Su misericordia y perdón. La Biblia dice: *"Mi pueblo está siendo destruido porque no me conoce"* (Oseas 4:6 NIV). Entonces, si usamos correctamente las Escrituras, tenemos todo el conocimiento que necesitamos para evitar caer en las trampas del enemigo.

Proverbios 2:2–5 dice: *"Haciendo estar atento tu oído a la sabiduría; Si inclinares tu corazón a la prudencia, ³ Si clamares a la inteligencia, y a la prudencia dieres tu voz; si como a la plata la buscares, y la escudriñares como a tesoros, entonces entenderás el temor de Jehová, y hallarás el conocimiento de Dios".*

Este Capítulo es evidencia de que las buenas intenciones por sí solas, no son suficientes para evitar que repitamos viejos hábitos, y nos desviemos de Dios. Debemos aplicar el bálsamo sanador de Dios a la raíz de nuestros problemas. Tener conocimiento de las leyes de Dios, no es suficiente para vivir una vida íntegra. Después de todo, somos conscientes de las leyes terrenales y sus consecuencias legales, y todavía hemos violado algunas de ellas, como por ejemplo, cuando conducimos, exceder el límite de velocidad o hacer un giro en U donde tal movimiento está prohibido. Si nunca ha infringido ninguna ley como estas, lo felicito. Es una mejor persona que yo...

Lo mismo ocurre con las leyes del reino; las conocemos porque las hemos leído en la Biblia, pero a veces todavía desobedecemos. La clave es permanecer en oración, comprender que no somos autosuficientes, y saber que podemos presentarnos en justicia ante Dios, sólo gracias a Su favor, gracia y misericordia.

Practica la oración intercesora

Al igual que Moisés, Esdras practicó la oración de intercesión en favor de sus hermanos y hermanas judíos. Recordemos cómo Moisés oró por el pueblo después de que pecaron al adorar al becerro de oro:

> *"Y aconteció que al día siguiente dijo Moisés al pueblo: Vosotros habéis cometido un gran pecado, pero yo subiré ahora a Jehová; quizá le aplacaré acerca de vuestro pecado. Entonces volvió Moisés a Jehová, y dijo: Te ruego, pues este pueblo ha cometido un gran pecado, porque se hicieron dioses de oro, que perdones ahora su pecado, y si no, ráeme ahora de tu libro que has escrito. Y Jehová respondió a Moisés: Al que pecare contra mí, a este raeré yo de mi libro. Ve, pues, ahora, lleva a este pueblo a donde te he*

dicho; he aquí mi ángel irá delante de ti; pero en el día del castigo, yo castigaré en ellos su pecado" (Éxodo 32:30-34).

¿De qué libro estaba hablando Moisés? El Libro de la Vida. En otras palabras, estuvo dispuesto a dar su propia vida para que los israelitas pudieran ser perdonados. ¡Qué amor tan maravilloso mostró! La clase de amor que Cristo mostró por toda la humanidad…

La intercesión es la oración que apela a Dios por nuestras necesidades y las necesidades de los demás. Pero es mucho más que eso. Intercesión es abrazar la voluntad de Dios y negar la nuestra para que la Suya se cumpla. La intercesión puede ser una batalla, la clave de los planes de Dios para nuestras vidas. Pero el campo de batalla no está en esta tierra. La Biblia dice: *"Porque no tenemos lucha contra sangre y carne, sino contra principados, contra potestades, contra los gobernadores de las tinieblas de este siglo, contra huestes espirituales de maldad en las regiones celestes"* (Efesios 6:12).

El hombre que oró por 52 años

La oración intercesora a veces requiere mucha paciencia y perseverancia. Por alguna razón, las respuestas que buscamos no siempre llegan de inmediato. Puedo pensar en muchos grandes hombres y mujeres que persistieron en la oración durante años. Sin duda el mayor ejemplo de guerrera de oración intercesora fue mi Madre. Mamá oró por sus hijos durante décadas hasta que todos venimos a Cristo. Recuerdo haberla escuchado clamar a Dios por cada uno de nosotros, en privado, en su sala de oración. El Espíritu caería poderosamente sobre ella, y ella a su vez impondría las manos sobre nosotros, y le pediría a Dios que se revelara a nosotros personalmente. Seguro que sí, hoy mis hermanos son todos pastores y líderes de la iglesia. ¡Dios responde la oración!

Leí una historia de un hombre llamado George Müller.[14] Cuando era joven, Müller cumplió condena en prisión por robo. Después de entregar su vida a Cristo, se convirtió en uno de los hombres más generosos del siglo XIX. Es conocido principalmente por sus esfuerzos para ayudar a los huérfanos, que a menudo vivían en una pobreza terrible en aquellos días, sobreviviendo sólo robando, mendigando o trabajando en condiciones brutales en asilos. Se dice que Müller donó más de 700.000 dólares de su propio dinero a este trabajo. Hoy, esos 700.000 dólares valdrían unos 35 millones de dólares.

Hay mucho más que podría decir sobre George Müller. Pero ahora quiero centrarme en sus increíbles esfuerzos como guerrero de oración intercesora. Al igual que Esdras y Moisés quienes oraron valientemente por su pueblo, Müller pasó 52 años orando por la salvación de un grupo de hombres que conocía. No digo que pasara cada minuto de ese tiempo en oración, por supuesto que

____

[14] William J. Petersen and Randy Petersen, "100 Amazing Answers to Prayer," Pages 129-130

no. Pero oró mucho por esas personas y nunca se dio por vencido. Me pregunto cuántos de nosotros perseveraríamos en oración durante más de cinco décadas… Müller mantuvo registros cuidadosos de las oraciones que hacía, y las fechas en que Dios las respondió. Estimó que más de 50.000 de sus solicitudes habían sido respondidas durante su vida. La mayoría de estos eran para las necesidades de las personas necesitadas, como alimentos para el sustento de los huérfanos bajo su cuidado.

Pero sus oraciones por la salvación de sus amigos no obtuvieron respuestas – Müller lo dijo así: *"En noviembre de 1844 comencé a orar fervientemente por la conversión de cinco personas. Oré todos los días sin un solo descanso… Pasaron dieciocho meses antes de que se convirtiera el primero de los cinco. Agradecí a Dios y seguí orando por los demás. Pasaron cinco años y luego se convirtió el segundo. Le di gracias a Dios por el segundo y seguí orando por los otros tres. Día tras día seguí orando por ellos, y pasaron seis años antes de que el tercero se convirtiera. Le di gracias a Dios por los tres y seguí orando por los otros dos. Estos hombres permanecen inconversos. El hombre a quien Dios, en las riquezas de su gracia, ha dado decenas de miles de respuestas a sus oraciones en la misma hora o día en que fueron ofrecidas, ha estado orando día a día durante casi treinta y seis años por la conversión de estos individuos, y aun así permanecen inconversos. Pero espero en Dios, sigo orando y buscando todavía la respuesta. Todavía no están convertidos, pero lo estarán"*. Cuando Müller murió en 1898, ninguno de los hombres por los que oró había profesado fe en Cristo. Pero dos años después, ambos lo aceptaron como Señor y Salvador. ¡Las oraciones de Müller fueron contestadas!

La oración intercesora tiene un lugar especial en el mundo espiritual. Nos da la ventaja ganadora en las batallas que enfrentamos todos los días. Aquí es donde se ganan o se pierden las batallas de nuestras propias vidas, nuestras familias, nuestros amigos y nuestra Nación. A través de la oración intercesora se puede entrar en la presencia de Dios y descubrir Sus planes para la situación que estemos enfrentando. Creo que Dios quiere que todos seamos intercesores, por nuestras familias, nuestros amigos, nuestros hermanos y hermanas en Cristo, nuestras comunidades y nuestra Nación, y por cualquiera que Él ponga en nuestros corazones.

Dado que la oración por sí sola no es suficiente, ¡usted necesita un objetivo para sus oraciones! Para descubrir los planes de Dios para usted, todo lo que tiene que hacer es preguntar. La Biblia dice: *"Y si alguno de vosotros tiene falta de sabiduría, pídala a Dios, el cual da a todos abundantemente y sin reproche, y le será dada"* (Santiago 1:5). Cuando le pedimos sabiduría a Dios, Sus deseos se convierten en el centro de nuestras oraciones. *"No os conforméis a este siglo, sino transformaos por medio de la renovación de vuestro entendimiento, para que comprobéis cuál sea la buena voluntad de Dios, agradable y perfecta"* (Romanos 12:2).

La oración intercesora es un asunto serio. Al igual que los soldados que se preparan para la batalla, no podemos enfrentarnos a nuestros enemigos si no llevamos nuestras armas con nosotros. También debemos reconocer que Jesús tiene control total de la situación. ¡Él es Rey de Reyes y Señor de señores! La intercesión es un arma clave de nuestra guerra espiritual que puede demoler fortalezas en el mundo espiritual. *"Pues aunque andamos en la carne, no militamos según la carne; porque las armas de nuestra milicia no son carnales, sino poderosas en Dios para la destrucción de fortalezas"* (2 Cor. 10:3-4).

El poder de la oración

Esdras sabía que la oración tenía un gran poder. Lo sabía porque había visto a Dios responder a numerosas oraciones, trayendo paz, alegría y sanidad en situaciones muy difíciles. El mismo Dios todavía está en el trono hoy, todavía respondiendo a las oraciones de su pueblo, todavía dando gozo en lugar de cenizas, esperanza en lugar de desesperación y salud en lugar de enfermedad.

Por favor, recuerde, cuando ore, que la efectividad de su oración no depende de las palabras que use, de cuán articulado sea, o de si usa la fórmula correcta. Nunca he olvidado un cartel que vi hace varios años frente a una iglesia, que decía: *"El poder de la oración no depende de la persona que ora, sino de Aquel que escucha la oración".* Siempre he recordado esas palabras y espero que usted también las recuerde. A veces, una oración tartamuda de unos minutos, resulta en milagros tremendos. Como Dios le dijo al apóstol Pablo: *"... Bástate mi gracia; porque mi poder se perfecciona en la debilidad"* (2 Corintios 12:9). Pablo también escribe en Romanos 8:26… *"Y de igual manera el Espíritu nos ayuda en nuestra debilidad; pues qué hemos de pedir como conviene, no lo sabemos, pero el Espíritu mismo intercede por nosotros con gemidos indecibles".*

En su libro, "100 respuestas asombrosas a la oración", William J. y Randy Petersen presentan algunos ejemplos sorprendentes de cómo Dios responde a las oraciones de sus hijos. Por ejemplo[15], Billy Graham habló de un misionero que viajaba con su familia a una parte remota y peligrosa del país donde servían a Dios. Estaban tratando de llegar a casa al anochecer, pero finalmente se dieron cuenta de que eso no iba a suceder, por lo que decidieron acampar en una ladera. Sabían que había bandidos peligrosos en esta zona, pero el misionero y su familia oraron para que Dios los protegiera. Durmieron seguros toda la noche y luego regresaron a casa… *"Unos días después, el misionero vio a un paciente en el hospital de la Misión que confesó que pertenecía a [una] banda de bandidos. El hombre reconoció al misionero de aquella ladera y preguntó por el regimiento armado que custodiaba a su familia esa noche. "Teníamos la intención de robarte", dijo, "pero teníamos miedo de los soldados que tenías a tu alrededor: veintisiete en total".*

"Cuando el misionero regresó a casa con permiso, le contó la historia a una de las iglesias que lo apoyaban. Alguien consultó

---

[15] *Wiliam J. Petersen and Randy Petersen. "100 Amazing Answers to Prayer". Pages 175-177.*

los registros de la iglesia y descubrió que esa noche tenían una reunión de oración con veintisiete personas presentes".

El informe de Petersens dicen que Corrie ten Boom también contó una historia de lo que sucedió cuando los rebeldes planearon atacar una escuela misionera en África y matar a los aproximadamente 200 estudiantes y maestros que vivían allí. Conscientes de que estaban en peligro, los residentes oraron pidiendo la protección de Dios.

"El ejército rebelde contaba con cientos, pero cuando se acercaron a la escuela, de repente vieron algo y huyeron. Lo mismo sucedió una segunda noche y una tercera. Cuando uno de los rebeldes fue herido y llevado al hospital de la Misión, le preguntaron por qué habían huido. La respuesta fue: "Vimos cientos de soldados con uniformes blancos y nos asustamos".

Una historia similar proviene de Indonesia. Después de que dos misioneros fueran asesinados por caníbales, otros misioneros de un área cercana sintieron que ellos también estaban amenazados y pasaron horas de rodillas en oración. Después de que esto continuó por algún tiempo, uno de los miembros de la tribu llegó a su recinto y preguntó si podía "echar un vistazo" a sus vigilantes:

"¿Qué centinelas?" preguntó el misionero. "No tengo ningún vigilante."

"'Oh, sí, lo haces. Los colocas alrededor de tu casa por la noche para protegerte.

"El miembro de la tribu no quedó convencido hasta que registró la casa del misionero, debajo de las camas y en los armarios. 'Nos unimos para matarte a ti y a tu esposa', explicó antes de irse. 'Pero noche tras noche, cuando nos acercábamos, una doble hilera de centinelas con armas relucientes permanecía cerca de tu casa. . .. Fuimos a ver a un asesino profesional, que se rió de nosotros por nuestra cobardía'. Pero cuando el asesino llegó a la casa del misionero, él también vio a los vigilantes y se escapó. Luego, el misionero tomó su Biblia y le mostró al miembro de la tribu cómo Dios había prometido guardar y defender a Sus hijos".

Hay tantas historias como estas tres que dan prueba de ello. . . ¡Nuestro Dios contesta la oración!

Nunca estás solo

Cuando le llegue la guerra espiritual, como sucederá, confíe en que no está solo. Jesús está con usted, y también está interviniendo a su favor. La Biblia dice de Jesús... *"por lo cual puede también salvar perpetuamente a los que por él se acercan a Dios, viviendo siempre para interceder por ellos"* (Hebreos 7:25)

Este tipo de oración nunca se rinde. Hablando en términos deportivos, soporta todas las pérdidas de balón y supera cada obstáculo. Es la oración que continúa hasta que aprendemos la voluntad de Dios en cada situación que enfrentamos (Filipenses 3:12). Este tipo de oración es necesaria para ver avances en nuestra vida, y en la vida de quienes nos rodean.

A lo largo de la Biblia vemos que Dios busca a aquellos que estén dispuestos a pelear la batalla espiritual por su pueblo. Dios dijo: *"Y busqué entre ellos hombre que hiciese vallado y que se pusiese en la brecha delante de mí, a favor de la tierra, para que yo no la destruyese; y no lo hallé"* (Ezequiel 22:30). Es a través de la intercesión que podemos ser ofensivos en las batallas espirituales.

Jesús dijo que las puertas del infierno no podrán resistir a la iglesia. (Mateo 16:18). La imagen que obtengo de ésto, es la de un ejército de creyentes avanzando hacia el territorio de Satanás, rescatando a aquellos a quienes él ha esclavizado. No debemos permanecer para siempre a la defensiva, apiñándonos con miedo y preguntándonos si podremos resistir los ataques lanzados por Satanás y sus soldados demoníacos.

Dios sanará nuestra tierra

Dios promete que cuando sigamos Su llamado, y tomemos el lugar que nos corresponde en la batalla espiritual por los corazones y las mentes de los hombres, Él se extenderá y sanará nuestra tierra (2 Crónicas 7:14).

¿Sera necesario sanar nuestra tierra? No hay duda de ello. Anteriormente hablamos de lo deprimente que es ver las noticias en la televisión o leer el periódico matutino… Encendí las noticias esta mañana sólo para ver si las cosas estaban tan mal como la última vez que las vi, y descubrí que, efectivamente, lo están. Logré mirar unos 20 minutos, y estas son algunas de las historias que vi:

A una abuela anciana le habían robado la mayoría de los ahorros de su vida un estafador que decían ser su nieto. Usaron Inteligencia Artificial para imitar su voz, y le dijeron que había estado involucrado en un accidente automovilístico y que necesitaba varios miles de dólares de inmediato... Me quedé preguntándome si hay algo más bajo que un ladrón que robaría todos los ahorros de una persona que ha trabajado duro toda su vida y ha ahorrado lo que pudo. ¿Qué pasó con la integridad?

La siguiente noticia fue sobre otro tiroteo masivo, en el que murieron cuatro personas. Nos hemos acostumbrado a este tipo de tragedias, con cifras de muertos mucho mayores. Por, por la forma en que se presentó la historia, cuatro muertes ni siquiera parecían gran cosa. Qué tragedia que hayamos visto tantos tiroteos masivos, que ya casi nos hayamos vuelto insensibles a ellos. ¿Qué pasó con creer en la santidad de la vida humana?

La historia número tres era un informe sobre una mujer y su novio que habían sido condenados por matar a golpes a su hijo de nueve años. Se me llenaron los ojos de lágrimas cuando el periodista contó la historia de la muerte del niño. Mi único consuelo fue saber que Dios mismo compartía mi dolor, porque como dijo Jesús: *"Mirad que no menospreciéis a uno de estos pequeños; porque os digo que sus ángeles en los cielos ven siempre el rostro de mi Padre que está en los cielos…. Así, no es la voluntad de vuestro Padre que está en los cielos, que se pierda uno de estos pequeños"* (Mateo 18:10,14). Muchos de nosotros hemos luchado larga y duramente para proteger a los niños no nacidos, y debemos seguir haciendo más, para ayudar a que los niños crezcan sin violencia.

Todo esta crueldad escuché en las noticias; pero hay muchas otras razones por las que nuestra tierra necesita ser sanada. Por ejemplo:

Millones de estadounidenses son adictos a las drogas y al alcohol, y miles mueren cada año por consumir drogas como el fentanilo. Durante el 2021, último año del que tenemos registros completos, 106.000 estadounidenses perdieron la vida a causa de las drogas, y eso sin contar los que murieron por descuidos de conductores ebrios. Necesitamos curarnos de las drogas.

También necesitamos curación y protección contra desastres naturales como tornados, huracanes, inundaciones e incendios forestales. Todos estos han estado arrasando Estados Unidos durante los últimos años, destruyendo comunidades y dejando decenas de personas muertas. Mientras me preparaba para escribir este libro, escuché que dos importantes compañías de seguros han dicho que ya no pueden permitirse el lujo de asegurar casas nuevas en California, debido al peligro de incendios forestales allí. Me parece evidente que la mano de Dios está en esto, porque nos hemos alejado de Él. Si volvemos a Él, Dios puede calmar las tormentas y nos dará paz y protección.

Por supuesto, hay otros muchos otros asuntos por los cuales nuestro país necesita curación. En lugar de trabajar juntos por el bien de todos, el odio nos divide. Si bien hay cuestiones importantes, no estamos dispuestos a buscar puntos en común. Con demasiada frecuencia, estamos dispuestos a creer las mentiras más escandalosas sobre hombres y mujeres que, tal vez, no vean las cosas como nosotros. Sí, debemos trabajar por la decencia, la moralidad y la piedad; pero no podemos agradar a Dios si tenemos ira y malicia en nuestro corazón. Necesitamos ser sanados de la división y del odio.

Dios está llamando a su pueblo a convertirse en guerreros de oración intercesora. Él no busca personas que sepan hacer una oración perfecta, sino corazones que estén ansiosos de ver hecha Su voluntad aquí en la tierra. Mi oración es que podamos regresar al Señor, para que Él pueda darnos un corazón intercedido porque, *"La oración eficaz del justo puede mucho"* (Santiago 5:16).

Hemos hablado antes de cómo Dios escogió a Esdras para ser intercesor del pueblo judío. Como siempre ocurre con Dios, parece que hizo una elección perfecta. Es difícil imaginar que alguien más tenga la pasión y la preocupación por el pueblo judío que tenía Esdras. Su corazón estaba profundamente afligido por aquellos que se habían alejado de Dios. Sabía que volver a la obediencia cambiaría todo, y restauraría a Judá a su estatus apropiado, como una de las grandes naciones del mundo.

Hoy, volver a estudiar y seguir las verdades que se encuentran en las Escrituras nos bendecirá de la misma manera. Cuando demostramos que tenemos un verdadero deseo de servir al Señor, esto tendrá un efecto poderoso en quienes nos rodean. Podemos aprender mucho de este gran hombre de Dios.

Lección #11 del libro de Esdras

La oración fue una herramienta vital en la obra de reconstruir Jerusalén y hacer que los habitantes judíos de la ciudad regresaran a Dios. En el libro del mismo Esdras leemos: *"Mientras oraba Esdras y hacía confesión, llorando y postrándose delante de la casa de Dios, se juntó a él una muy grande multitud de Israel, hombres, mujeres y niños; y lloraba el pueblo amargamente"* (Esdras 10:1). Este fue un momento crucial en el renacimiento físico y espiritual de Jerusalén.

La Biblia tiene mucho que decir acerca de la eficacia de la oración sincera. Las oraciones ofrecidas por hombres y mujeres piadosos han sanado a los enfermos, resucitado a los muertos y evitado catástrofes de todo tipo. La oración funciona absolutamente, entonces ¿por qué no nos apoyamos en el poder de la oración más a menudo? Si no pasa tiempo con Dios en oración todos los días, le insto a que empiece a hacerlo ahora mismo. Y cuando lo haga, asegúrese de tomarse el tiempo para escuchar lo que Dios quiere decirle. Después de todo, la oración no es un monólogo, sino una conversación.

PREGUNTAS PARA LA REFLEXIÓN ESPIRITUAL

1. ¿Alguna vez ha tenido que estar en la brecha espiritual por una persona o causa? Explique su respuesta.

____

____

____

2. ¿Alguna vez ha experimentado un momento en el que estuviste bajo ataque espiritual del enemigo? ¿Qué medidas tomó para resistir esos ataques?

____

____

____

3. ¿Está involucrado en la oración de intercesión por alguien o algo? Si es así, ¿qué lecciones aprende de la historia de George Müller?

____

____

____

4. Enumere algunos de sus versículos bíblicos favoritos sobre la oración:

____

____

____

5. Enumere varias de sus oraciones que fueron respondidas por el Señor. (Recuerde victorias pasadas pueda darnos esperanza y fe al enfrentar las batallas de hoy).

____

____

____

12

AVIVAMIENTO EN LA TIERRA

"Mientras Esdras oraba y hacía esa confesión llorando y postrado rostro en tierra delante del templo de Dios, una gran multitud de Israel—hombres, mujeres y niños—se congregó y lloró amargamente con él." (Esdras 10:1).

QUERIDO LECTOR, ESTAMOS LLEGANDO RÁPIDAmente al final de nuestro tiempo juntos. Espero que nuestro estudio sobre el libro de Esdras haya sido beneficioso para usted, como lo ha sido para mí. Cada vez que leo este maravilloso libro, obtengo una percepción que no había notado antes. Por supuesto, esto es cierto para toda la Biblia, que es una fuente continua de conocimiento y sabiduría.

El libro de Esdras termina de una manera muy interesante. Debido a la oración y el colapso de Esdras, muchos israelitas, tanto hombres como mujeres, se unieron a él y lloraron amargamente. Fue un momento inspirador en el que el Espíritu Santo impulsó los corazones de los hijos de Dios al arrepentimiento.

¿Alguna vez ha visto algo parecido a este asombroso evento que se registra en el décimo capítulo de Esdras? No puedo decir que sí, pero he visto algunos que se le acercan. Hay momentos en que el Espíritu Santo se mueve en los corazones del pueblo de Dios, y todos rompen a llorar. Es una experiencia verdaderamente asombrosa y gratificante llorar con nuestros hermanos y hermanas en el Señor: sentir sus penas y saber que ellos sienten las de uno.

He estado en servicios donde parecía que la gente no podía esperar a que se hiciera el llamado, para poder correr hacia el frente, al altar. Esto es obra del Espíritu Santo, y es algo asombroso.

Pero Dios nunca nos deja en nuestro dolor y lágrimas. El mismo Espíritu Santo que nos da la tristeza según Dios, también llena nuestro corazón con el gozo de la salvación, y pone sonrisas de alegría en nuestra boca.

La verdad es que cualquier encuentro con el Espíritu Santo nos cambiará de manera profunda. Algunos de nosotros hemos olvidado cómo llorar, mientras que otros ya no recuerdan cómo reír. Dondequiera que estemos, necesitamos el cambio que sólo el Espíritu Santo puede darnos.

Una de las señales de avivamiento es el arrepentimiento genuino. Avivamiento no es ver manifestaciones de lenguas en un servicio o personas bailando en el Espíritu. El avivamiento que estamos esperando es el regreso de los hijos de Dios a Su corazón. El verdadero avivamiento comienza con un encuentro sincero con la Palabra de Dios. Si este encuentro nos ayuda a ver que no estamos viviendo según la voluntad de Dios, si esta comprensión de nuestros pecados nos rompe el corazón y el dolor nos mueve a confesar nuestro pecado a Dios, todavía hay un paso más que debemos dar. Ese es el paso del arrepentimiento.

Arrepentirse es ser convencido, sentir tristeza y remordimiento por nuestras acciones y confesar nuestros pecados a Dios. Pero también hay un paso más por dar, porque todas estas cosas pueden estar presentes sin producir un cambio externo y duradero en nuestras vidas. Por ejemplo, si una persona que consume drogas reconoce que tiene un problema, pero no está dispuesta a tomar las medidas necesarias para cambiar su comportamiento, entonces es como los que mencioné en el primer capítulo: Agitados, pero no despiertos al cambio de sus vidas.

El verdadero arrepentimiento implica la determinación de alejarse de su comportamiento pecaminoso y así cambiar el curso de su vida. No se trata sólo de ser consciente de que va en la dirección equivocada; debe sentirte lo suficientemente mal por ello, como para darse la vuelta y dirigirse en la dirección correcta. Es necesario un cambio de rumbo.

En medio de la intercesión de Esdras, surgió la esperanza: *". . . Entonces respondió Secanías hijo de Jehiel, de los hijos de Elam, y dijo a Esdras: Nosotros hemos pecado contra nuestro Dios, pues tomamos mujeres extranjeras de los pueblos de la tierra; mas a pesar de esto, aún hay esperanza para Israel. ³ Ahora, pues, hagamos pacto con nuestro Dios, que despediremos a todas las mujeres y los nacidos de ellas, según el consejo de mi señor y de los que temen el mandamiento de nuestro Dios; y hágase conforme a la ley. ⁴ Levántate, porque esta es tu obligación, y nosotros estaremos contigo; esfuérzate, y pon mano a la obra." (Esdras 10:2-4).*

Fue entonces cuando los judíos que habían regresado de Babilonia a Judá, sintieron la necesidad de establecer un pacto con Dios, prometiendo volver a sus caminos. El pueblo sabía que Esdras tenía la responsabilidad de asegurarse de que abandonaran sus caminos equivocados, y sus malas decisiones, y estaban dispuestos a apoyarlo y ayudarlo con su tarea. Sin duda, este fue un proceso doloroso para muchas de estas personas. Significaba separarse de las mujeres extranjeras con las que se habían casado, e incluso de los hijos que habían nacido de estas mujeres.

Muchas veces es necesario sacrificar personas, proyectos y cosas a las que nos hemos aferrado, y nunca hayan estado en los planes de Dios para nosotros. Estas no son necesariamente cosas malas; incluso pueden ser cosas que otras personas consideran buenas; pero es necesario entregarlas para ver la bendición de Dios en nuestras vidas.

Puede parecer una locura creer que hay cosas buenas que están fuera de la voluntad de Dios para nosotros, pero esto es un hecho. Casarse y formar una familia no parecen ser cosas malas. Por el contrario, tener una familia es una de las mayores bendiciones de Dios, a menos que ignoremos Su voluntad y nos casemos con alguien que no sea creyente, o alguien que se interponga en el camino de nuestro servicio a Dios. Un cristiano no debería querer casarse con alguien que bebe en exceso, toma drogas ilegales, se comporta de manera inmoral, o no tiene interés en las cosas de Dios.

Durante mis años como Pastor, he aconsejado a decenas de mujeres que cometieron el error de pensar que podían cambiar a un hombre una vez que se casaran con él. Sí, he aconsejado a varios hombres que han cometido el mismo error, pero parece ser más frecuente entre las mujeres. Piensan: "Claro, ahora bebe un poco, pero puedo lograr que cambie eso"; o: "Puede que me haya golpeado un par de veces, pero sé que me ama y no lo hará más"; o: "Sí, coquetea con otras mujeres, pero eso es sólo porque todavía es un poco inmaduro. Sé que lo vencerá"… Creo que cualquiera puede ser perdonado de sus pecados, sin importar cuán malos puedan ser; pero también creo que aquellos que son perdonados, deben arrepentirse y apartarse de sus malas acciones.

Es una locura casarse con alguien y pensar: "Lo reformaré (o la reformaré) más tarde". Una persona que no tiene lugar para Dios en su vida, nunca se arrepentirá. Eso me hace preguntarme, qué habría pasado con los hijos de Israel si Dios no hubiera enviado personas como Esdras, Nehemías, Jeremías y otros para ministrarlos.

La Biblia nos advierte que "… *las malas conversaciones corrompen las buenas costumbres*" (1 Corintios 15:33)" y nos advierte: *"No os unáis en yugo desigual con los incrédulos; porque ¿qué compañerismo tiene la justicia con la injusticia? ¿Y qué comunión la luz con las tinieblas"* (2 Corintios 6:14). El pueblo de Dios fue llamado a vivir de una manera específica, y a comportarse según las leyes y mandamientos de Dios. Cuando se mezclaron con las personas equivocadas, se volvieron descuidados en cuanto a obedecer la voluntad de Dios. Esto los provocó a adorar dioses e ídolos falsos.

Preguntes si hay algo a lo que debe renunciar. ¿Hay alguien en su vida que le tienta a alejarse del Señor de alguna manera? ¿le atrae un programa de televisión que glorifica la violencia, el sexo ilícito y la vida impía? ¿Pertenece a un club donde se hacen bromas groseras y se bebe en exceso? Cualquier cosa que haya en su vida que se interponga entre usted y Dios, ¡le insto a que lo abandone!...

Cierta vez leí acerca de una iglesia que construyó un salón adicional, donde la gente podía renunciar a cosas que eran preciosas para ellos, tan preciosas que se habían interpuesto entre ellos y Dios. La habitación estaba llena de artículos como álbumes de fotografías, joyas, mechones de cabello de niños y otros tesoros personales, todos los cuales habían sido ofrecidos como sacrificios a Dios. Estas cosas no valían mucho en términos de dinero; pero, por algunas razones, se habían convertido en ídolos, y sus dueños querían entregárselos a Dios. El dinero es importante porque provee para predicadores, maestros y materiales evangelísticos. También puede usarse para ganar tiempo en radio y televisión para programación cristiana, y mantener las puertas abiertas y las luces encendidas en su iglesia; pero estoy seguro de que hay muchas cosas en su vida que son más importantes que el dinero, y espero que busque formas innovadoras de compartir esas cosas con Dios.

El rey que no se arrepentiría

Hay una serie de historias a lo largo de la Biblia de personas que afirmaron que se habían apartado de sus pecados, pero en realidad se negaron a dejarlos ir, y pagaron un alto precio. Pienso en el Faraón, por ejemplo, quien finalmente fue convencido por el poder de Dios de permitir que los hijos de Israel dejaran atrás Egipto y la esclavitud. Ya conoce la historia.

Cuando Moisés se presentó ante el gobernante de Egipto, y le pidió que dejara ir al pueblo de Dios, Faraón se rió de él… *"Después Moisés y Aarón entraron a la presencia de Faraón y le dijeron: Jehová el Dios de Israel dice así: Deja ir a mi pueblo a celebrarme fiesta en el desierto. Y Faraón respondió: ¿Quién es Jehová, para que yo oiga su voz y deje ir a Israel? Yo no conozco a Jehová, ni tampoco dejaré ir a Israel"* (Éxodo 5:1-2).

En lugar de dejar ir a los israelitas, el faraón dijo a sus funcionarios que hicieran su trabajo aún más difícil. Dejaron de proporcionar la paja que los israelitas necesitaban para el proceso de fabricación de ladrillos para los egipcios; en cambio, los israelitas tendrían que encontrar su propia paja, pero todavía se esperaba que produjeran la misma cantidad de ladrillos que antes.

Después de esto, para mostrar Su poder y convencer a Faraón de liberar a los israelitas de sus cadenas, Dios golpeó a Egipto con nueve plagas devastadoras. El faraón se mantuvo firme. No liberaría a los israelitas a pesar de las plagas de forúnculos, langostas, ranas, granizo, etc. Luego vino la plaga final y devastadora: la muerte de los hijos primogénitos de cada familia egipcia. Cuando esto sucedió, Faraón vio el error de sus caminos. Se arrepintió de su obstinada determinación de mantener a los judíos en esclavitud a toda costa. De hecho, no podía esperar a verlos salir del país. ¡Buen viaje!

Desafortunadamente para Faraón y para el país de Egipto, casi tan pronto como los israelitas estaban saliendo, Faraón cambió de opinión… *"Y unció su carro, y tomó consigo su pueblo; y tomó seiscientos carros escogidos, y todos los carros de Egipto, y los capitanes sobre ellos"… "Y cuando Faraón se hubo acercado, los hijos de Israel alzaron sus ojos, y he aquí que los egipcios venían tras ellos; por lo que los hijos de Israel temieron en gran manera, y clamaron a Jehová. Y dijeron a Moisés: ¿No había sepulcros en Egipto, que nos has sacado para que muramos en el desierto? ¿Por qué has hecho así con nosotros, que nos has sacado de Egipto? ¿No es esto lo que te hablamos en Egipto, diciendo: Déjanos servir a los egipcios? Porque mejor nos fuera servir a los egipcios, que morir nosotros en el desierto. Y Moisés dijo al pueblo: No temáis; estad firmes, y ved la salvación que Jehová hará hoy con vosotros; porque los egipcios que hoy habéis visto, nunca más para siempre los veréis. Jehová peleará por vosotros, y vosotros estaréis tranquilos"… "Y siguiéndolos los egipcios, entraron tras ellos hasta la mitad del mar, toda la caballería de Faraón, sus carros y su gente de a caballo. Aconteció a la vigilia de la mañana, que Jehová miró el campamento de los egipcios desde la columna de fuego y nube, y trastornó el campamento de los egipcios, y quitó las ruedas de sus carros, y los trastornó gravemente. Entonces los egipcios dijeron: Huyamos de delante de Israel, porque Jehová pelea por ellos contra los egipcios. Y Jehová dijo a Moisés: Extiende tu mano sobre el mar, para que las aguas vuelvan sobre los egipcios, sobre sus carros, y sobre su caballería. Entonces Moisés extendió su mano sobre el mar, y cuando amanecía, el mar se volvió en toda su fuerza, y los egipcios al huir se encontraban con el mar; y Jehová derribó a los egipcios en medio del mar".* (Éxodo 14:6-7, 10-14, 23-27)

Tal como Moisés dijo que lo haría, el Señor peleó por los israelitas. Dividió las aguas del Mar Rojo, permitiéndoles cruzar sobre tierra firme. Pero cuando los egipcios les siguieron, no fueron tan afortunados… *"Y volvieron las aguas, y cubrieron los carros y la caballería, y todo el ejército de Faraón que había entrado tras ellos en el mar; no quedó de ellos ni uno"* (Éxodo 14:28).

Debido a que Faraón se negó a arrepentirse de su actitud arrogante hacia el Señor, y del maltrato que había dado a su pueblo, pagó el precio máximo. Como dice Pablo en 2 Corintios 7:10: *"Porque la tristeza que es según Dios produce arrepentimiento para salvación, de que no hay que arrepentirse; pero la tristeza del mundo produce muerte...."*

Ahora, por otro lado, consideremos el destino de un recaudador de impuestos llamado Zaqueo. Su historia se encuentra en el Capítulo 19 de Lucas. La Biblia no dice directamente que fuera un delincuente, pero sí dice que se había hecho muy rico, por lo que probablemente no era el tipo más honesto del mundo. Como la mayoría de los recaudadores de impuestos de su época, Zaqueo era odiado por sus compañeros judíos. Trabajó para el gobierno romano, recaudando los exorbitantes impuestos que iban al tesoro de César. Los recaudadores de impuestos como Zaqueo eran vistos como traidores y criminales, y no sin razón. Además de recaudar los impuestos que exigía el gobierno romano, eran libres de quedarse con todo lo que pudieran, y muchos de ellos se habían enriquecido de esta manera.

Zaqueo escuchó que Jesús vendría a la ciudad, y quiso ver al Maestro, pero tenía un problema: Era de baja estatura, y las calles estaban llenas de gente que también quería ver al Mesías. Siendo un hombre trabajador, Zaqueo tuvo una idea. Subiría a un árbol desde donde podría ver bien al Señor mientras pasaba. Eso es exactamente lo que hizo. Encontró un sicomoro (un tipo de higuera común en el Medio Oriente en aquellos días) y era perfecto para trepar porque tenía muchas ramas bajas. Desde aquí tenía una visión perfecta de la procesión que pasaba debajo.

Se sorprendió cuando Jesús lo miró y lo llamó por su nombre: "¡Zaqueo, rápido! Baja. Debo ser un invitado en tu casa hoy". Zaqueo no fue el único que se sorprendió. Zaqueo era famoso en Jericó. La gente no quería tener nada que ver con él, y estaban decepcionados de que Jesús quisiera ser el huésped de semejante villano. Pero en este Capítulo se nos informa que: *"Entonces Zaqueo, puesto en pie, dijo al Señor: He aquí, Señor, la mitad de mis bienes doy a los pobres; y si en algo he defraudado a alguno, se lo devuelvo cuadruplicado. Jesús le dijo: Hoy ha venido la salvación a esta casa; por cuanto él también es hijo de Abraham. Porque el Hijo del Hombre vino a buscar y a salvar lo que se había perdido"* (Lucas 19:8-10).

Zaqueo se arrepintió y su vida cambió para siempre. No renunció a su trabajo, pero decidió que de ahora en adelante trataría a la gente de manera justa, y también buscaría restituir sus errores pasados. Zaqueo es un maravilloso ejemplo de cómo puede ser el arrepentimiento, y de lo que puede hacer.

Los representantes de Dios en la tierra

Cuando hacemos un pacto con el Padre, significa que entregamos nuestra voluntad y aceptamos la Suya, creyendo que Sus planes son mucho mejores que los nuestros. La voluntad de Dios es que seamos Sus manos y pies aquí en la tierra. Isaías 42:6–8 dice: *"Yo Jehová te he llamado en justicia, y te sostendré por la mano; te guardaré y te pondré por pacto al pueblo, por luz de las naciones, para que abras los ojos de los ciegos, para que saques de la cárcel a los presos, y de casas de prisión a los que moran en tinieblas. Yo Jehová; este es mi nombre; y a otro no daré mi gloria, ni mi alabanza a esculturas".*

Ese es el corazón de Dios, un corazón que desea que ayudemos a otros a alejarse de la oscuridad. El problema es que muchas personas llevan tanto tiempo caminando en la oscuridad, que no reconocen la luz. Se han acostumbrado a vivir sin Él. Por eso es importante que el pueblo de Dios experimente un verdadero arrepentimiento. El

Espíritu Santo está tocando los corazones de Sus hijos, para restaurar las ruinas y reavivar las llamas de la pasión y la fe. El altar es Su presencia, el fuego es Su Espíritu Santo… y el sacrificio eres tú.

Jesús viene pronto

Cualquiera que tenga los ojos abiertos, podrá ver que el regreso de Cristo está muy cerca. La Biblia enumera una serie de acontecimientos que significarán que se acerca el fin de esta era actual. Quiero referirme brevemente a cinco de ellos.

1) **Habrá guerras y rumores de guerras.** Mateo 24:7 *lo puso de esta manera:* "Porque se levantará nación contra nación, y reino contra reino; y habrá pestes, y hambres, y terremotos en diferentes lugares."

   Miren lo que está sucediendo en Ucrania, donde los misiles rusos están devastando barrios civiles y matando a cientos de hombres, mujeres y niños inocentes. En medio de toda la matanza, el presidente ruso Vladimir Putin amenaza con liberar su arsenal nuclear, lo que sin duda conduciría a la guerra más devastadora de la historia, y posiblemente a millones de muertes. Los combates también continúan en el Medio Oriente, mientras los enemigos de Israel lanzan ataques con misiles contra ella, e Israel toma represalias con bombardeos aéreos. Estos son sólo dos de los muchos conflictos que están teniendo lugar en todo el mundo. La guerra ha sido parte de la vida en este planeta Tierra, durante miles de años. De hecho, los judíos cautivos en Babilonia estaban allí, debido a la guerra. Pero la situación, ahora, parece empeorar en lugar de mejorar.

2) **Habrá terremotos y otros desastres naturales.** *"y habrá grandes terremotos, y en diferentes lugares hambres y pestilencias; y habrá terror y grandes señales del cielo"* (Lucas 21:11).

Difícilmente en estos días uno puede ver las noticias, sin oír de un poderoso terremoto, tornados devastadores, incendios forestales fuera de control o lluvias torrenciales que causan inundaciones y deslizamientos de tierra. Mientras escribía este libro, catastróficos incendios forestales en Canadá han enviado humo a Estados Unidos, envenenando el aire en ciudades como Nueva York, Filadelfia y Chicago. Casi parece que la naturaleza se rebela contra nosotros, y el tiempo se ha vuelto loco. Algunas personas señalan el cambio climático como la causa de todo esto, pero cualquiera que sea la causa subyacente, sabemos que todo es parte del plan de Dios.

3) **Habrá burladores a nuestro alrededor.** Esto es lo que el apóstol Pedro dijo al respecto: *"…sabiendo primero esto, que en los postreros días vendrán burladores, andando según sus propias concupiscencias, y diciendo: ¿Dónde está la promesa de su advenimiento? Porque desde el día*

en que los padres durmieron, todas las cosas permanecen así como desde el principio de la creación" (2 Pedro 3:3-4).

¿Esto le suena familiar? A mí, sí. No recuerdo un momento en el que se burlaran de la fe como lo hacen hoy: en las películas, la televisión, los libros, los comediantes y en las conversaciones ordinarias. Me parece que hay muy poca reverencia o temor por las cosas de Dios. En los últimos años ha habido varios libros superventas que ridiculizaban la creencia en Dios. Entre éstos: "God is Not Good," de Christopher Hitchens, y "The God Delusion" de Richard Dawkins. Estamos burlándonos colectivamente de Dios, y tomando su falta de respuesta como debilidad, cuando en realidad es una señal de Su tremenda paciencia y deseo de ver salvos a todos.

Las tres primeras señales de las que hemos hablado son negativas, pero las dos últimas son extremadamente positivas.

4) **El evangelio será predicado a todas las naciones.** *Mateo 24:14 dice… "Y será predicado este evangelio del reino en todo el mundo, para testimonio a todas las naciones; y entonces vendrá el fin".*

Hasta los acontecimientos de los últimos 100 años, esto no era posible. Sólo gracias a avances en la radio, la televisión y las comunicaciones por satélite ha sido posible llevar el Evangelio a todo el mundo.

Incluso ahora, hay personas en algunas áreas remotas, como tribus isleñas aisladas en los océanos Pacífico e Índico, y en el norte de China, que no han sido alcanzadas con el Evangelio. Según una organización llamada *Finishing the Task*, quedan 144 grupos étnicos no comprometidos y no alcanzados, que suman más de 5,7 millones de personas que todavía están fuera del alcance del Evangelio[16]. Pero es sólo cuestión de tiempo, hasta que escuchen las buenas noticias. Finishing the Task, que está encabezada por el pastor Rick Warren, se ha fijado el objetivo de alcanzar hasta el 2025, a todos los grupos étnicos no alcanzados y no comprometidos del mundo. Otras organizaciones como la Sociedad Bíblica Americana, y los Traductores Bíblicos Wycliffe están trabajando arduamente, traduciendo la Biblia a lenguas que sólo hablan unos pocos miles, o unos pocos cientos de personas. ¡La profecía de que el Evangelio será llevado a cada Nación, se cumplirá en cualquier momento!

5) **Los judíos dispersos en países de todo el mundo, regresarán a Israel.** Ningún pueblo en la tierra ha sufrido tanto como los judíos. Han sido expulsados de los países donde vivieron durante siglos, perseguidos de muchas maneras y asesinados en masa. Adolf Hitler no fue la primera persona que intentó exterminar al pueblo judío. Él era simplemente otro más en una larga lista de personas corruptas que Satanás

---

[16] http://globalfronteirmissiongroups.com/, "Unreached People Groups – Global Frontier Missions," Copyright 2023

ha usado para tratar de borrar a los judíos de la faz de la tierra. Satanás odia apasionadamente a los judíos, porque son el pueblo elegido de Dios, la raza a través de la cual el Mesías vino al mundo.

Podrían haberse escrito (y se han escrito) libros enteros sobre este tema, y no es mi intención profundizar en la situación más de lo que ya lo he hecho, excepto para decir que Satanás se ve frustrado en todo momento. Lo que él pretende para el mal, Dios lo usa para el bien.

Casi 200 años antes de que Judá fuera derrotado por los babilonios, Israel cayó en manos de los asirios, y miles de personas fueron expulsadas por la fuerza de su tierra natal. A raíz de estas tragedias, miles de judíos se dispersaron por todo el mundo, estableciéndose en África, Asia y Europa, y más tarde en América del Norte y del Sur. Desde la Segunda Guerra Mundial y las atrocidades cometidas por Adolf Hitler y los nazis, millones de judíos de todo el mundo están encontrando el camino de regreso a Israel. Este es un cumplimiento de profecías que se dieron hace miles de años sobre lo que sucedería en los últimos tiempos.

El profeta Isaías dijo, *"Y levantará pendón a las naciones, y juntará los desterrados de Israel, y reunirá los esparcidos de Judá de los cuatro confines de la tierra."* (Isaías 11:12).

Jeremías agrego: *"Convertíos, hijos rebeldes, dice Jehová, porque yo soy vuestro esposo; y os tomaré uno de cada ciudad, y dos de cada familia, y os introduciré en Sion"* (Jeremías 3:14). Y… *"Oíd palabra de Jehová, oh naciones, y hacedlo saber en las costas que están lejos, y decid: El que esparció a Israel lo reunirá y guardará, como el pastor a su rebaño"* (Jeremías 31:10).

Dios también habló a través de Ezequiel sobre esto: *"Así ha dicho Jehová el Señor: Cuando recoja a la casa de Israel de los pueblos entre los cuales está esparcida, entonces me santificaré en ellos ante los ojos de las naciones, y habitarán en su tierra, la cual di a mi siervo Jacob"* (Ezequiel 28:25).

Esto es sólo una muestra de los muchos versículos que hablan del regreso de los judíos a Israel en los Últimos Días. Estas profecías se están cumpliendo ante nuestros ojos. Dios usó a Moisés para sacar a los israelitas de Egipto y regresarlos a Tierra Santa. Más tarde, utilizó a Esdras, Nehemías y otros para sacar a su pueblo del cautiverio en Babilonia. Ahora, Él mismo los está trayendo de regreso a Israel desde países de todo el mundo. Se está preparando el escenario para el cumplimiento de esta dramática profecía de Zacarías: *"Y derramaré sobre la casa de David, y sobre los moradores de Jerusalén, espíritu de gracia y de oración; y mirarán a mí, a quien traspasaron, y llorarán como se llora por hijo unigénito, afligiéndose por él como quien se aflige por el primogénito"* (Zacarias 12:10).

El viene pronto

Por todas las señales de las que acabamos de hablar, creo que el regreso de Cristo es inminente. Al mismo tiempo, también sé *"que para con el Señor un día es como mil años, y mil años como un día"* (2 Pedro 3:8).

También creo que antes de que llegue el fin, habrá un gran avivamiento. Cuando hablamos de avivamiento, nos referimos a un despertar espiritual, como comentamos en el primer Capítulo de este libro. La palabra hebrea "avivamiento" es הייחתה; y en griego es Αναβίωση. Ambas palabras significan literalmente volver a la vida de entre los muertos. Es el despertar de los corazones convertidos al Padre, motivados por Dios, lo que produce la plena restauración de los hombres.

El avivamiento es una nueva vida. Por eso creemos que Dios seguirá despertando corazones, y la evidencia de ello se reflejará en el cuidado de los huérfanos y viudas, el respeto a los mayores, las visitas a los enfermos y a los que se encuentran recluidos en cárceles, residencias de ancianos o en sus propios hogares. El avivamiento enciende el amor en los corazones y hace que queramos acercarnos a los perdidos y solitarios en el nombre de Jesús. Y, a medida que extendemos la mano en Su nombre, el avivamiento se expande, crece y se enciende en aún más corazones.

Escuché acerca de una comunidad donde uno de los residentes estaba gravemente enfermo. Una familia vecina prometió orar por él diariamente, y pidió a otra familia que se uniera a ellos. Esa familia le preguntó a otra, y así sucesivamente. Pronto, estos guerreros de oración comenzaron a reunirse todas las noches para orar por su vecino enfermo. Algunas de esas personas nunca habían estado en las casas de los demás, pero ahora estaban abriendo sus hogares y sus corazones unos a otros, mientras el "grupo de oración" se movía por el vecindario. Las reuniones incluían personas de muchas denominaciones diferentes, incluidas algunas que nunca habían estado dentro de una iglesia, y nunca habían escuchado el Evangelio.

Las sesiones de oración nocturnas se convirtieron en un avivamiento del vecindario, que continúa mientras escribo esto. Sí, es sorprendente lo que Dios puede y hará.

No podemos confirmar que estamos en un avivamiento espiritual, si la tierra no da señales de ello. La primera evidencia de un avivamiento personal es cuando decidimos dejar morir nuestro "viejo yo", para que la perfecta voluntad de Dios pueda manifestarse. La evidencia de un verdadero avivamiento en una iglesia o comunidad de fe es cuando, en cada culto, podemos ver a las personas reconciliando sus corazones con el Señor, convirtiéndose a Cristo. Es cuando la oración por los enfermos no pasa como un simple anuncio; y cuando las personas allí congregadas comienzan a vivir en santidad esperando el regreso de nuestro Salvador. Tal como nuestro Señor nos dijo: *"Amarás al Señor tu Dios con todo tu corazón, y con toda tu alma, y con toda tu mente. Este es el primero y grande mandamiento. Y el segundo es semejante: Amarás a tu prójimo como a ti mismo. De estos dos mandamientos depende toda la ley y los profetas"* (Mateo 22: 37-40) *(Mateo 22:27-40)*

El avivamiento comienza con el amor: amor hacia Dios, hacia nuestro prójimo y hacia nosotros mismos. Para que el avivamiento esté presente en su vida, tiene que comenzar por el deseo de la Palabra de Dios. La Biblia no es sólo una colección de historias antiguas y citas inspiradoras, sino nuestra guía para vivir una vida victoriosa en Cristo, y la llave que abre la puerta al avivamiento.

Nehemías 8:5–6 nos narra que: *"Abrió, pues, Esdras el libro a ojos de todo el pueblo, porque estaba más alto que todo el pueblo; y cuando lo abrió, todo el pueblo estuvo atento. Bendijo entonces Esdras a Jehová, Dios grande. Y todo el pueblo respondió: ¡Amén! ¡Amén! alzando sus manos; y se humillaron y adoraron a Jehová inclinados a tierra".* Cuando el pueblo se paró en la plaza para escuchar la Palabra de Dios, lloraron por sus pecados que los llevaron a circunstancias tan vergonzosas. Pero una vez que se arrepintieron, llegó el momento de adorar a Dios, regocijarse en Su fuerza y celebrar Su bondad, misericordia y gracia. Cuando Esdras leyó el libro de la ley, el pueblo de Israel escuchó, honró, prestó atención y actuó según la Palabra de Dios. El pueblo se dedicó por completo a Dios.

La voluntad de Dios para su vida y la mía es que disfrutemos de nuestra fe, y experimentemos el gozo de una relación plena con Él. Cuando entregamos todo lo que somos, ganamos todo lo que Dios es. Si realmente comprendemos el poder práctico descrito en este libro, seremos transformados para causar un impacto en este mundo.

¡Le invito a que ore conmigo!...

Señor, gracias por estos principios y el avivamiento que se encuentra en Esdras. Ayúdame a ponerlos en práctica en mi propia vida, para que pueda ser más como Cristo, para Tu gloria y el crecimiento de Tu reino. Te lo pido en el nombre de Jesús. Amén.

Lección #12 del Libro de Esdras

*¿Le gustaría iniciar un avivamiento en su iglesia o comunidad? ¡Empie*ce escuchando a Dios, como lo hizo Esdras, y buscando oportunidades para compartir Su amor y Su Palabra! Acuda a Él en oración y pídale que encienda un avivamiento y que le muestre cómo puede ser parte de él.

También es importante pedirles a sus amigos o vecinos cristianos que oren con usted. Las palabras de Jesús que cita la Biblia fueron: *"Otra vez os digo, que si dos de vosotros se pusieren de acuerdo en la tierra acerca de cualquiera cosa que pidieren, les será hecho por mi Padre que está en los cielos"* (Mateo 18:19).

Otra clave importante para el avivamiento es la confesión del pecado. El arrepentimiento más la demostración de amor hacia su prójimo es poderoso y contagioso. Creo que el amor al prójimo construye el amor a Dios. Y donde la gente está abierta y receptiva al amor de Dios, estalla el avivamiento.

PREGUNTAS PARA LA REFLEXIÓN ESPIRITUAL

1. ¿Cuándo fue la última vez que hizo un pacto con Dios? ¿Cuál fue la naturaleza de ese pacto?

____

____

____

2. ¿Ha experimentado la libertad que Dios da mediante la confesión de los pecados? ¿Cómo esta experiencia cambió su vida?

____

____

____

3. ¿Hay algo en su vida que se interponga entre usted y una relación correcta con Dios? Si es así, ¿qué hará al respecto?

____

____

____

4. ¿Has confesado a Jesús como su Señor y Salvador? Si no, ¿lo hará ahora mismo?

____

____

____

5. ¿Cómo se ve el avivamiento en su intimidad con Dios?

____

____

____

EL PASO AL REINO

Antes de terminar nuestro tiempo juntos, quiero hablar con cualquiera que aún no haya aceptado a Jesucristo como su Señor y Salvador.

Si entrega su vida a Jesús, Él le limpiará de todos sus pecados y restaurará su vida, tal como restauró a Jerusalén después de su destrucción a manos del ejército babilónico. Jerusalén y su gran templo quedaron reducidos a un montón de escombros, pero nuestro Señor los restauró a su antigua belleza y majestad. Es posible que sienta que su vida ha quedado reducida a un montón de escombros; que sus sueños que alguna vez fueron hermosos, han sido aplastados por la decepción. Tal vez siente que ha decepcionado a mucha gente; si es así, Jesús le perdonará, le restaurará y le ayudará a convertirse en la excelente persona que siempre quiso ser.

Por otro lado, es posible que sienta que su vida va bien. Puede que se sienta realizado y satisfecho. Si es así, le garantizo que cuando Jesús entre en su vida, le dará el gozo y la paz, al punto que se preguntará cómo es que no la tenía antes. Sea quien sea, cualquiera sea tu estado de vida, aceptar a Jesús como su Señor y Salvador hará que las cosas sean mucho mejores. Tendrá un propósito en la vida un amigo que le quiera en todo momento, un Salvador que le levantará cada vez que caiga y volverá a poner sus pies en tierra firme.

Lo único que tiene que hacer es una oración sencilla, confesando que es pecador y que quiere entregarle su vida a Jesús. Puede utilizar la siguiente oración como modelo, aunque le invito a que la exponga con sus propias palabras. No se preocupe si le cuesta encontrar las palabras adecuadas. Jesús entiende cómo es que usted se siente, pues conoce su corazón.

Aquí hay cinco versículos de la Biblia para respaldar lo que estoy diciendo:

"Jesús le dijo: Yo soy el camino, y la verdad, y la vida; nadie viene al Padre, sino por mí "*(Juan 14:6)*.

"El que cree en el Hijo tiene vida eterna; pero el que rehúsa creer en el Hijo no verá la vida, sino que la ira de Dios está sobre él." *(Juan 3:36)*.

"que si confesares con tu boca que Jesús es el Señor, y creyeres en tu corazón que Dios le levantó de los muertos, serás salvo" *(Romanos 10:9)*.

"El que tiene al Hijo, tiene la vida; el que no tiene al Hijo de Dios no tiene la vida" *(1 Juan 5:12).*

" He aquí, yo estoy a la puerta y llamo; si alguno oye mi voz y abre la puerta, entraré a él, y cenaré con él, y él conmigo" *(Apocalipsis 3:20).*

Les insto a que tomen la decisión de aceptar a Cristo ahora. Pueden utilizar la siguiente oración para guiarse mientras oran:

Querido Padre Celestial, gracias por enviar a tu Hijo Jesucristo a la tierra, para dar Su vida como sacrificio por mis pecados. Creo que Jesús tomó sobre sí el castigo que merezco, que fue crucificado por mí, que su cuerpo destrozado fue puesto en una tumba y que resucitó al tercer día. También creo que, a través de Él, soy victorioso sobre el pecado y la muerte. Le acepto como mi Señor y Salvador. Te pido que me ayudes a seguir tu plan para mi vida. Gracias por tu amor y misericordia, y por el don gratuito de la vida eterna. Todo esto lo pido en el precioso nombre de Jesucristo. Amén